한 권으로 마스터하는

피아노 반주법

-임용고시 준비생 및 일반 성인을 위하여-

한 권으로 마스터하는
피아노 반주법

대표 저자 **유은석**

임용고시 준비생 및 일반 성인을 위하여

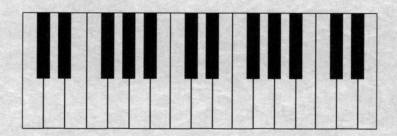

Mastering Piano Accompaniment
The Essential Guide for Music Teachers and Adults

학지사

머리말

"짧은 기간 안에 체계적인 반주법을 습득하기를 원하는
예비교사 및 성인을 위한 교재"

대상

- 중등 음악임용고시의 가창 반주 시험을 준비하는 예비교사
- 음악교육대학원, 유아교육과, 교육대학교의 피아노 반주법 수업
- 대학교의 부전공생을 위한 클래스 피아노 수업
- 평생교육원의 피아노 반주법 수업
- 피아노를 칠 수 있지만 반주법을 배운 적이 없는 일반 성인

이 책의 활용 방법

교사들에게

이 책은 한 학기 또는 두 학기로 나누어 수업할 수 있도록 구성되었습니다. 다양한 수준의 학생이 섞인 반에서 이 책을 활용한다면 학생의 능력에 따라 다음과 같이 진도를 다르게 설정할 수 있습니다.

- 피아노를 처음 배우는 학생들은 제1장부터 제3장까지 천천히 진도를 나가도록 합니다. 음악의 기초 이론이 부족한 경우 '들어가기' 장을 참고하도록 합니다.
- 피아노를 배운 경험이 있고 음악의 기초 지식이 있는 학생들은 '제1부 기초 응용반주(제1장~ 제6장)'와 '제3부 정반주(제11장)' 중 앞부분을 다룰 수 있습니다.

• 피아노 또는 오르간을 전공했거나 반주를 배운 경험이 있는 학생들은 제1부의 제4장부터 시작하여 '제2부 응용반주 심화'와 '제3부 정반주'를 다루기를 추천합니다.

각 장에 제시된 12조성의 화음은 퀴즈나 시험을 통해 꼭 외우는 것이 좋습니다. 제4장의 대리화음 이후부터는 제시된 적용곡 외에 이전 장에서 나온 곡들을 응용곡으로 활용하면 유용합니다. 제11장의 가곡은 성악 또는 기악 솔로와 함께 연주할 수 있습니다.

학생들에게

짧은 시간 안에 이 모든 기술을 처음부터 끝까지 마스터하기는 쉽지 않을 것입니다. 하지만 인내심을 가지고 이 책의 내용을 매일 조금씩이라도 반복해서 연습해 나간다면 반주에 대한 두려움이 점점 사라지고 자신감이 붙을 것입니다. 여러 가지 화성이론은 복잡하게 느껴질 수 있지만, 이해하고 연주하면 더 빨리 향상될 수 있습니다. 연습을 할 때는 먼저 선율을 노래하면서 베이스 라인을 쳐 보고, 다음에는 선율을 노래하면서 화음을 쳐 보고, 마지막으로 선율을 노래하면서 전체 반주를 해 보세요.

교재의 내용 및 특징

1. 이 교재는 클래식, 뮤지컬, 재즈, 팝, 가스펠, 가요, 세계의 민요, 국악, 한국 가곡, 외국 가곡 등의 다양한 레퍼토리를 담고 있습니다. 이 중 대다수의 악곡을 중·고등학교의 '음악과 생활' '음악과 진로' 교과서에서 발췌하여 임용시험을 준비하는 예비교사들에게 도움이 되고자 했습니다.

2. 전체 장의 구성은 크게 주어진 선율에 반주를 만들어 붙이는 응용반주와 제시된 반주 그대로를 연주하는 정반주로 나뉩니다. 응용반주는 다시 기초단계와 심화단계로 나누어 수준에 따라 선택하거나 학기를 나누어 학습하도록 하였습니다.

3. 각 장은 화음을 기준으로 나뉘며, 이를 중심으로 한 주요 화음진행 패턴이 단계적으로 제시됩니다. 모든 화음은 4도권 또는 반음계로 이동하며 12조성으로 익히도록 합니다. 새로운 화음을 이전에 나온 화음과 연결하여 배운 후, 바로 연습곡이나 악곡을 통해서 이를 확인하고 적용할 수 있도록 하였습니다.

4. 화음을 제시할 때는 코드명과 로마숫자 음도표기를 함께 사용합니다. 코드명은 실용음악에서 주로 사용하는 것으로, 악곡의 조성이나 화음의 기능과 관계없이 코드기호만 보고도 반주를 할 수 있게 하며, 이조를 할 때도 용이합니다. 하지만 화성을 분석할 때, 코드명만으로는 음계서열을 바로 알 수 없는 단점이 있으므로 고전음악의 로마숫자 음도표기를 병행합니다.

5. 각 장마다 새로운 리듬반주 유형이 나오는데, 대부분은 실용음악의 성격이 강합니다. 리듬을 배울 때는 먼저 기본 패턴을 리듬치기 해 본 후, 주요 화음진행 안에서 익히고, 그 다음 악곡에 적용하도록 하였습니다.

6. 적용곡은 코드가 적힌 선율 악보(lead sheet)나 반주가 반만 채워진 악보로 제시하였습니다. 반주가 모두 그려진 악보를 보고 연주하는 것은 반주 능력 향상에 크게 도움이 되

지 않기 때문입니다. 대신 적합한 리듬 유형과 화음의 예시를 부분적으로 보여 줌으로 써 적절한 가이드를 제공하고자 하였습니다. 빈 오선보에 직접 반주를 그려 넣을 수도 있습니다.

7. '화음 결정하여 반주하기'는 코드 없이 선율만 제시된 악곡에 적절한 화성과 리듬 스타일을 선택하여 반주하는 연습입니다. 처음에는 빈 네모 상자와 화음기호를 사용하여 화음이 변하는 위치와 힌트를 제공하지만, 점진적으로 연주자가 스스로 화음을 결정하여 반주하도록 유도합니다.

8. 앙상블은 그룹 피아노 수업을 더욱 흥미롭게 만들어 주는 활동으로, 각 장에서 배운 화성과 리듬패턴을 재강조하며 배움을 확장시켜 줍니다. 각 연주자는 간단한 파트를 연주하지만 서로 어우러지는 풍성한 소리를 들으며 음악의 즐거움을 느낄 수 있습니다.

9. 그 밖에 이조, 전주와 후주 붙이기, 즉흥연주, 리하모니제이션 등은 반주자에게 꼭 필요한 실질적 기술로서, 창의적으로 생각하고 응용할 수 있는 반주 능력을 강화시켜 줍니다.

10. 특정한 아이콘을 사용하여 각 장에서 다루고 있는 학습내용을 한눈에 알 수 있도록 분류하였습니다. 각각의 아이콘은 다음의 내용 또는 활동을 의미합니다.

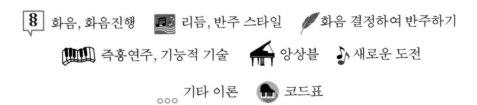

8 화음, 화음진행   리듬, 반주 스타일   화음 결정하여 반주하기
즉흥연주, 기능적 기술   앙상블   새로운 도전
기타 이론   코드표

이 책이 나오기까지 헌신적인 노력을 기울여 주신 뮤직아트라움의 연구진, 자문을 주신 김성관 교수님 및 동료들, 끊임없는 영감이 되어 준 학생들, 그리고 언제나 따뜻한 사랑으로 성원해 준 가족들에게 감사드립니다. 전문학술도서 출판으로 권위 있는 학지사에서 이 책이 출간된 것을 매우 기쁘게 생각하며, 김진환 사장님과 편집부 임직원 여러분의 노고에 진심으로 감사드립니다.

차례

제2부

응용반주 심화

제3부

정반주

들어가기

∘∘∘ 피아노의 종류

전자 피아노

디지털 피아노

디지털 피아노(digital piano)는 여러 가지 악기의 음색을 샘플링하여 음원으로 사용하는 전자 피아노를 말합니다. 국제적인 스탠다드인 GM(General MIDI) 사운드를 사용하는 디지털 악기의 경우 128가지의 악기 또는 특수 효과음을 낼 수 있습니다. 디지털 피아노는 공간 활용도가 높고 사용이 편리하여 피아노 그룹수업이나 앙상블 연주에 많이 활용됩니다.

신시사이저

신시사이저(synthesizer)는 보통 여러 주파수나 파형의 소리를 합성하여 새로운 소리를 만들거나 저장된 음색을 변형시킬 수 있는 악기를 말합니다. 종류는 스튜디오용의 큰 규모의 것으로부터 소형 건반악기풍의 것까지 다양합니다. 소리를 듣기 위해서는 별도의 스피커와 앰프가 필요합니다. 회로망의 제어 방법에 따라 악기음이나 환상적인 음을 비롯하여 바람, 천둥, 동물의 소리 등 다채로운 효과를 낼 수가 있기 때문에 대중 음악가들에게 매우 인기 있는 악기입니다. 주로 작곡, 편곡 및 연주에 사용됩니다.

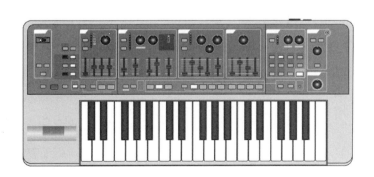

전자 키보드

전자 키보드(electronic keyboard)는 대중적으로 사용되는 모든 전자 건반악기를 포함합니다. 하지만 일반적으로는 신시사이저에서 음성을 합성하는 기능이 빠진 포터블 건반악기를 지칭합니다. 신시사이저와는 달리 음색을 자유자재로 편집할 수 없기 때문에 대개 최대한 많은 음색과 간단한 반주 기능 및 편곡 기능이 탑재되어 있습니다. 자체에 스피커도 내장되어 있습니다. 디지털 피아노보다 가볍고 이동이 쉬워, 교회 CCM 반주나 연습용으로 많이 사용됩니다.

어쿠스틱 피아노

어쿠스틱 피아노(acoustic piano)에는 그랜드 피아노(grand piano)와 업라이트 피아노(upright piano)가 있습니다. 소리를 내는 원리는 건반을 누르면 건반 끝에 달린 해머가 시소작용으로 올라가 줄을 때리고, 건반에서 손을 떼는 순간 댐퍼가 현에 내려와 울림을 정지시키는 것입니다. 1709년에 크리스토포리(B. Christofori)가 처음 발명한 이후, 피아노는 클래식 음악가들뿐만 아니라 많은 대중 음악가로부터 지금까지 사랑받고 있습니다.

우나 코르다 페달   댐퍼 페달
소스테누토 페달

소프트 페달   댐퍼 페달
머플러 페달

∘∘∘ 페달

댐퍼 페달

댐퍼 페달(damper pedal)은 세 페달 중 가장 오른쪽에 위치한 페달로, 댐퍼에 직접적으로 영향을 주기 때문에 붙은 이름입니다. 댐퍼 페달을 밟으면 모든 댐퍼를 동시에 올려 주어 손가락을 뗀 후에도 음이 계속 울리게 됩니다. 이것은 음량을 풍부하게 하고 음을 부드럽게 연결하는 데 사용합니다.

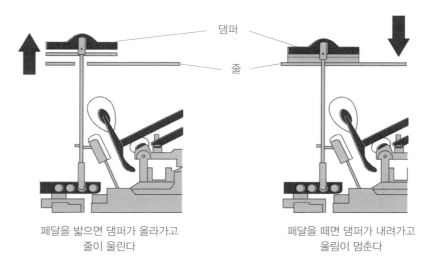

페달을 밟으면 댐퍼가 올라가고 줄이 울린다   페달을 떼면 댐퍼가 내려가고 울림이 멈춘다

[그림 1] 댐퍼 페달의 작동원리

왼쪽 페달

그랜드 피아노의 왼쪽 페달을 밟으면 건반 전체가 약간 오른쪽으로 이동함으로써 해머가 하나의 현만을 터치하여 약한 소리가 나며, 음색에도 약간의 변화를 가져옵니다. 이것을 우나 코르다(una corda) 페달이라고 부릅니다. 우나 코르다 페달은 음량을 아주 줄일 때(pp) 또는 특별한 음색을 표현하고자 할 때 사용합니다.

업라이트 피아노에서는 왼쪽 페달이 해머를 현 쪽으로 움직이게 하여 타현 거리를 반으로 줄여 줍니다. 타현 거리가 짧아지면 건반이 가벼워져 음량이 줄어드므로, 이를 소프트 페달(soft pedal)이라고 부릅니다.

페달 표시

떼기   밟기   밟기   바꾸기   떼기

페달을 밟는 타이밍

댐퍼 페달을 밟는 타이밍에 따라 세 가지 페달 기법으로 나눌 수 있습니다.

1. 음향 페달링: 터치를 하기 전에 밟는 기법으로, 주로 악곡의 시작음을 풍부하게 하기 위해 사용합니다.
2. 악센트 또는 리듬 페달링: 터치와 동시에 밟는 기법으로, 해당 음을 강조하거나 특정 리듬을 부각시키기 위해 사용합니다.
3. 레가토 페달링: 터치를 한 후에 밟는 방법으로, 두 음이나 화음을 레가토(legato)로 연결할 때 사용합니다.

₀₀₀ 레가토 페달링

세 페달링 중 가장 자주 쓰이는 것은 레가토 페달링입니다. 깨끗하게 두 음(또는 화음)을 연결하기 위해서는 음을 치고 난 직후에 페달을 밟고, 새로운 음(또는 화음)을 칠 때 페달을 떼야 합니다. 음을 치는 동시에 페달을 밟으면 이전 음의 울림이 댐퍼 페달에 섞여 지저분한 소리가 납니다. 곡의 첫 음을 울려 주기 위하여 페달을 미리 밟고 시작할 수도 있습니다.

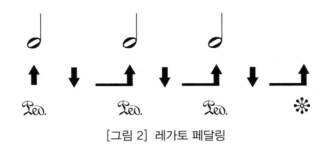

[그림 2] 레가토 페달링

레가토 페달링 연습

레가토 페달링을 다음의 순서에 따라 연습해 보세요.

1. 음계를 노래 부르며, 발동작으로만 페달 밟기를 해 보세요. 소리를 낼 때 발을 드는 것에 유의하세요.

2. 페달은 밟지 않고, 3번 손가락으로 음계를 치면서 페달 동작을 '올리고' '내리고'로 말해 보세요.

3. 음계를 치면서 페달을 함께 밟아 보세요. 계속해서 '올리고' '내리고'를 말하면서 집중해서 쳐 보세요.

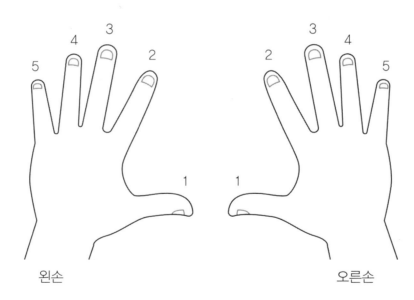

[그림 3] 손가락 번호

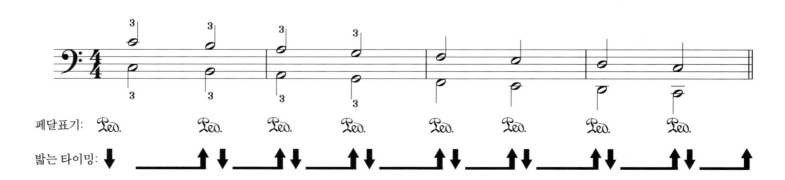

페달표기:

밟는 타이밍:

댐퍼 페달의 기능

1. 페달은 손으로 연결할 수 없는 음을 연결할 때 사용합니다.

2. 떨어져 있는 화음의 구성음들을 한 화성으로 울려 줄 수 있습니다.

3. 소리를 더 풍성하게 만들고 싶을 때 사용합니다.

〈예시 1〉 슈베르트, 세레나데

〈예시 2〉 윤용하, 보리밭

페달을 바꾸어야 할 때

1. 화음이 바뀔 때마다 바꾸어 줍니다.

〈예시 3〉 강승원, 서른 즈음에

2. 화성이 바뀌지 않아도 오른손 선율을 더 명확하게 표현하기 위하여 페달을 살짝 털어 주거나 바꾸어 줄 수도 있습니다. 높은 음역에서는 배음이 적고 진동이 쉽게 사라져 길게 페달을 밟을 수 있지만, 저음부로 내려갈수록 불협현상이 심해지므로 잘 듣고 사용해야 합니다. 특히 2도 관계의 음정은 주의를 기울여야 합니다.

〈예시 4〉 엘가, 위풍당당 행진곡

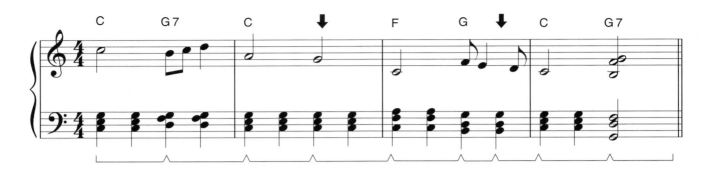

3. 같은 화성 안에서 다른 성부가 가운데 또는 저음부에서 비화성음으로 진행할 때도 바꾸어 줍니다(비화성음에서 페달을 자주
   바꾸기가 힘들면, 빠르게 바뀌는 음에서는 밟지 않아도 좋습니다).
4. 화성이 바뀌지 않아도 프레이즈가 바뀔 때 바꾸어 줍니다.

〈예시 5〉 정두영, 사랑은 언제나

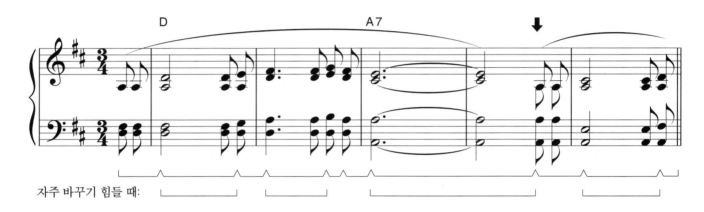

자주 바꾸기 힘들 때:

페달을 사용하면 안 될 때

페달을 언제 사용해야 하는지를 아는 것보다 중요한 것은 페달을 밟으면 안 되는 때를 아는 것입니다.

1. 피아노의 가운데와 저음부에서 2도 또는 반음계적으로 음들이 진행될 때는 페달을 밟지 않습니다.
2. 프레이즈와 프레이즈 사이의 쉼표에서는 페달을 사용하지 않습니다.

〈예시 6〉

  그 밖에도 페달은 연주하는 악기나 공간에 따라 조절하여 밟아야 합니다. 결국 페달 사용에 있어 가장 중요한 가이드는 항상
귀가 페달을 인도하도록 하는 것입니다.

∘∘∘ 음이름

반주를 하기 위해서는 영어 음이름을 알아야 합니다. 다음은 큰 보표 상의 영어 음이름입니다.

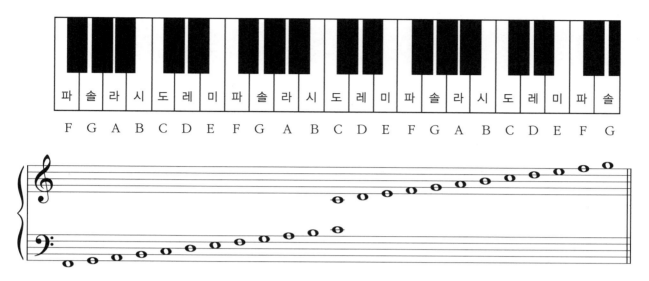

안내음

안내음은 보표 상의 음들을 빠르게 찾을 수 있도록 도와줍니다. 높은음자리표(G-clef)의 둘째 줄은 G, 낮은음자리표(F-clef)의 넷째 줄은 F입니다. 가온 C를 중심으로 대칭관계를 이루고 있는 다음의 안내음들을 외워 두세요. 높은음자리표의 칸 음들은 F-A-C-E로 외우면 쉽습니다.

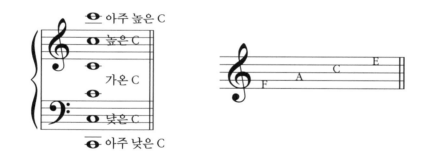

덧줄

보표 밖의 음들은 짧은 덧줄을 그어 표시합니다. 덧줄음들은 A-C-E로 외우면 좋습니다.

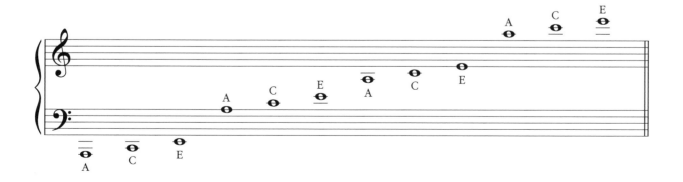

ₒₒₒ 음정

음정(interval)은 두 음 사이의 거리를 말합니다. 서양음악 이론에서 음정의 이름은 음정이 지니고 있는 두 가지 요소에 따라 붙습니다. 바로 도수(유니즌, 2도, 3도 등)와 성질(장, 단, 중, 감, 완전)입니다.

음정 세는 법

'도'는 음정을 세는 단위로, 도수는 시작 음을 1로 하여 줄-칸-줄을 차례로 세어 갑니다.

음정의 성질

같은 도수의 음정이라도 그 속에 들어 있는 온음과 반음의 수에 따라 성질이 달라집니다. 장음계에서 으뜸음을 기준으로 2, 3, 6, 7도 간격의 경우에는 장(major) 성질이며, 1, 4, 5, 8도 간격의 경우에는 완전(perfect) 성질을 붙입니다.

비교대상으로 하는 음에 임시표(♯, ♭)가 붙어 음 사이의 간격이 더 넓어지거나 좁아지면 도수는 변하지 않으나, 장음정은 단(minor), 감(diminished), 중(augmented)과 같은 성질로 변화하게 되고, 완전음정은 감, 증과 같은 성질로 변화하게 됩니다.

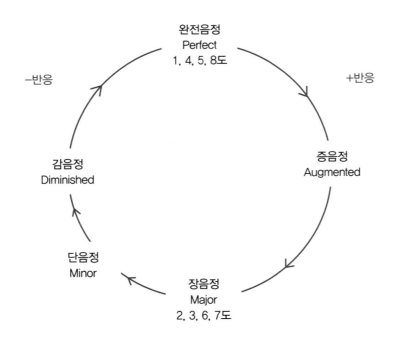

18

₀₀₀ 반음과 온음

한 건반에서 가장 가까운 건반 사이의 거리를 반음(semitone)이라고 합니다. 온음(whole tone)은 반음을 두 개 합친 것입니다.

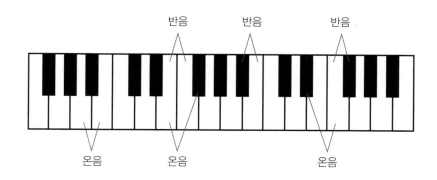

₀₀₀ 다이어토닉 음계

다이어토닉 음계(diatonic scale)는 한국어로 온음계라는 뜻으로, 장음계와 자연단음계를 가리킵니다. 장음계(major scale)는 3~4음과 7~8음 사이가 반음이고 나머지는 온음인 음계를 말합니다. 자연단음계(natural minor scale)는 장음계의 으뜸음에서 단3도 아래(장음계의 6음)에서 시작하는 음계로 2~3음과 5~6음 사이가 반음이고 나머지가 온음으로 된 음계입니다. 음계의 1음은 으뜸음(tonic), 5음은 딸림음(dominant), 4음은 버금딸림음(subdominant)이라고 하며, 으뜸음의 이름이 그 조(key)의 이름이 됩니다.

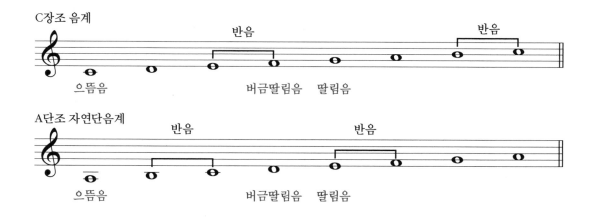

단음계에는 자연단음계 외에 두 가지가 더 있습니다. 화성단음계(harmonic minor scale)는 자연단음계의 7음을 반음 올려 이끎음의 역할을 하도록 만든 단음계로, 가장 많이 사용됩니다. 가락단음계(melodic minor scale)는 올라갈 때는 화성단음계의 6~7음 사이를 매끄럽게 하기 위하여 6음과 7음을 반음 올리고, 내려올 때는 자연단음계로 내려오는 단음계입니다.

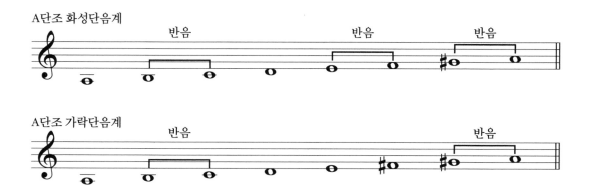

∘∘∘ 5도권

모든 조표는 5도(또는 4도)관계로 연결되어 있어서 한 조에서 시작하여 완전5도(또는 4도)씩 이동하면 다시 제자리로 돌아옵니다. 이러한 조성의 관계를 '5도권(circle of fifth)'이라고 합니다.

다음의 그림은 5도권을 표로 나타낸 것입니다. 원 밖에는 장조의 5도권을, 원 안에는 같은 조표를 사용하는 단조의 5도권을 보여 줍니다. 시계 오른쪽 방향으로 갈수록 올림표(#)가 하나씩 더해지고, 시계 왼쪽 방향으로 가면 내림표(♭)가 하나씩 늘어납니다. B와 C♭, F#과 G♭, D♭과 C#은 이름은 다르나 같은 소리를 가진 '딴이름한소리'입니다.

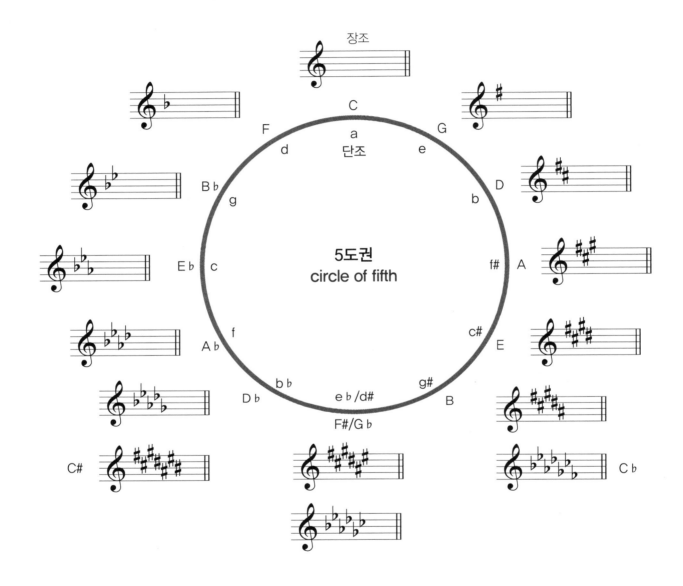

5도권은 조표와 관계조뿐만 아니라 화음진행, 주요3화음 등을 이해하는 데 매우 도움이 됩니다. 하나의 으뜸화음을 기준으로 오른쪽에 있는 코드는 딸림화음(V), 왼쪽에 있는 코드는 버금딸림화음(IV)이 됩니다. 5도권 진행은 연결이 자연스럽기 때문에 많은 악곡에서 찾을 수 있습니다. 화음진행을 C장조로 예를 들면 다음과 같습니다.

• ii-V-I 진행: Dm에서 5도 아래 → G, 5도 아래 → C

• I-vi-ii-V 진행: C → Am, 5도 아래 → Dm, 5도 아래 → G

• iii-vi-ii-V 진행: Em에서 5도 아래 → Am, 5도 아래 → Dm, 5도 아래 → G

• I-V-vi-iii-IV-I-ii-V 진행: C에서 5도 위 → G → Am, 5도 위 → Em → F, 5도 위 → C → Dm, 5도 아래 → G

◦◦◦ 선법

고대 그리스에서는 한 옥타브 안의 각각 다른 음에서 시작되는 7개의 선법을 발달시켰는데, 발생한 지역의 이름을 따라서 다음과 같은 이름을 붙였습니다. 선법(mode)은 고대부터 중세, 르네상스의 선율과 대위법의 근간을 이루었던 체계였지만 고전시대에 장단조 조성체계가 확립된 이후 한동안 경시되다가, 20세기 초반에 신고전주의 사조가 유행하면서 다시 사용되기 시작했습니다. 특히 현대 재즈에서는 텐션을 만드는 기초적인 원리가 될 정도로 핵심적인 개념이며, 도리안과 믹소리디안은 블루스 음계와 섞여 자주 사용됩니다.

선법은 크게 단조 계열과 장조 계열로 나눌 수 있습니다. 단조 계열에는 에이올리안, 도리안, 프리지안이 있고, 장조 계열의 선법에는 아이오니안, 리디안, 믹소리디안이 있습니다. 로크리안은 장조나 단조의 느낌이 나지 않는 특이한 음계로 잘 사용되지 않으나, 재즈에서는 드라마틱한 조바꿈이 필요할 때 종종 사용합니다. 선법을 오늘날의 음계와 비교해 보면 다음과 같이 생각할 수 있습니다.

아이오니안(Ionian): 장음계

도리안(Dorian): 단음계+#6

프리지안(Phrygian): 단음계+♭2

리디안(Lydian): 장음계+#4

믹소리디안(Mixolydian): 장음계+♭7

에이올리안(Aeolian): 자연단음계

로크리안(Locrian)

∘∘∘ 블루스 음계

블루스 음계(blues scale)는 장음계에 ♭3, ♭5, ♭7의 블루스 음을 더한 것입니다. 블루스 음은 장조와 단조를 넘나드는 모호한 음색을 만들어 주는데, 이것이 바로 블루스 음악의 묘미라 할 수 있습니다. 블루스 음계는 블루스 음악뿐만 아니라 재즈, 컨트리, 팝, 라틴, 펑키, 레게, R&B 등의 대중음악에 폭넓게 사용됩니다.

블루스 음계

단조 6음 블루스 음계: 1, ♭3, 4, ♭5, 5, ♭7

단조 6음 블루스 음계(six-tone minor blues scale)는 장음계의 1, 4, 5음에 ♭3, ♭5, ♭7의 블루스 음을 더한 음계로 가장 많이 사용됩니다.

단조 6음 블루스

장조 블루스 음계: 1, ♭3, 3, 4, ♭5, 5, ♭7, 7

장조 블루스 음계(major blues scale)는 장음계의 1, 3, 4, 5음에 ♭3, ♭5, ♭7의 블루스 음을 더한 것입니다.

장조 블루스 음계

5음 블루스 음계: 1, 2, ♭3, 5, 6

5음 블루스 음계(pentatonic ♭3rd blues scale)는 장음계의 1, 2, 5, 6음에 ♭3을 더한 것입니다. 앞의 세 음은 단조, 뒤의 세 음은 장조의 느낌을 주어 장단조가 혼합된 음색을 얻을 수 있기 때문에 자주 사용됩니다.

5음 블루스 음계

🎵 리듬

리듬이란 소리의 길고 짧음 위에 악상(dynamic)과 뉘앙스의 변화를 주면서 발생하는 강세의 반복적인 흐름을 말합니다. 리듬의 단위는 '비트(beat, 박)'입니다.

4, 8, 16비트

대중음악에서 4/4박자의 한 마디에 주요 리듬의 흐름이 4분음표(♩)이면 4비트, 8분음표(♪)이면 8비트, 16분음표(♬)이면 16비트라고 부릅니다.

12비트

12/8박자에서는 8분음표가 한 박이 되므로 12비트가 됩니다. 빠른 12/8박자에서는 점4분음표를 한 박으로 셉니다.

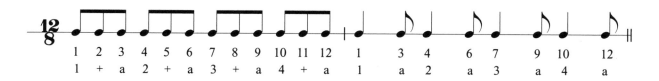

4/4박자에서 셋잇단음표를 사용하기도 합니다. 스윙(swing)이나 셔플(shuffle) 리듬이 여기에 속하며, 두 개의 8분음표 또는 부점 리듬으로 표기되기도 합니다.

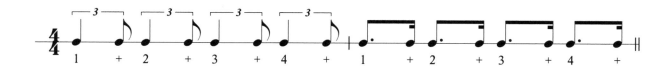

당김음

대중음악에서는 고의적인 수단으로 리듬의 강세를 변형시킨 당김음(syncopation)이 많이 사용됩니다. 당김음을 정확하게 연주하기 위해서는 박을 더 작은 단위로 분할하여 세는 것이 좋습니다.

비트를 정확하게 유지하면서 악곡의 리듬이 지니고 있는 느낌을 잘 살리면 리듬 고유의 흥 또는 리듬감이 생기는데, 이를 그루브(groove)라고 합니다.

🎵 빠르기말과 기호

일반적으로 연주의 빠르기말은 클래식에서는 이탈리아어로 나타내고, 재즈에서는 영어로 표기합니다. 좀 더 객관적인 빠르기를 나타내기 위해서 멜첼(Malzel)이 발명한 박자기인 메트로놈의 표시를 사용하기도 합니다. 메트로놈의 빠르기 표시는 메트로놈으로 측정되는 1분간 박자 수를 나타낸 것입니다. 예를 들어, ♩ = 60이라면 4분음표가 1분 동안에 60번 연주되는 속도를 말합니다.

베토벤(L. v. Beethoven)과 체르니(C. Czerny)가 처음으로 메트로놈 표시를 사용한 이후 많은 작곡가가 작품에 빠르기를 제시하고 있지만, 이것이 절대적으로 지켜져야 한다고 할 수는 없습니다. 빠르기는 개인의 기분에 따라, 악기와 음향 시설의 조건 등에 영향을 받기 때문입니다. 경우에 따라서는 작곡자와 시대에 따라서도 해석이 달라질 수 있습니다. 따라서 다음에 제시되는 빠르기말은 악곡 전체 혹은 일부분의 기본적인 빠르기를 지시하는 지침으로 받아들이는 것이 좋습니다.

메트로놈 표시	클래식 표기	우리말 표기	재즈 표기
♩ = 40 ↓	Grave	아주 느리게	Very Slow
♩ = 52 ↓	Largo Lento Adagio	느리게	Slow Slowly
♩ = 72 ↓	Andante Andantino	조금 느리게	Moderately Slow
♩ = 92 ↓	Moderato	보통 빠르게	Medium
♩ = 108 ↓	Allegretto Allegro Moderato	조금 빠르게 활기찬 보통 빠르기로	Medium Bounce
♩ = 132 ↓	Allegro	빠르게	Bounce Swing Medium Fast Brightly
♩ = 160 ↓	Vivace Presto	아주 빠르게	Very Fast

* 그 밖에 빠르기를 나타내는 말

accel.(accelerando, 점점 빠르게), rit.(ritardando, 점점 느리게), rall.(rallentando, 점점 느리게), a tempo(본래 빠르기로), Tempo I (처음 빠르기로)

기타
워킹 베이스, 긴 음 채우기, 전주와 후주 만들기, 즉흥연주

화음
장3화음, 딸림7화음, 단3화음, 증3화음, 감3화음, 부가화음(sus4, Add2, Add6)

리듬 스타일
스트럼, 폴카, 4비트, 비긴, 왈츠, 아르페지오, 록, 칼립소, 탱고, 국악장단

기타
워킹 베이스, 긴 음 채우기, 전주와 후주 만들기, 즉흥연주

제**1**부

기초 응용반주

제1장

장3화음을 사용한 반주

8 장3화음

　장음계의 1, 3, 5음을 함께 치면 장3화음(major triads)이 됩니다. 장3화음은 근음에 장3도(온음 2개)와 완전5도를 쌓아 만들 수 있습니다. 3화음을 구성하는 세 음은 근음, 3음, 5음이라고 불리며, 근음의 이름이 화음의 이름이 됩니다. 코드명으로 표기할 때에는 화음의 근음을 영문 대문자로 씁니다.

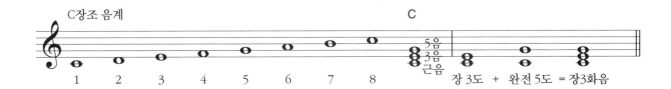

연습

　4도권으로 이동하는 12개의 장3화음을 연습해 보세요. 왼손으로는 화음의 근음을, 오른손으로는 장3화음을 연주합니다. 장3화음은 다른 화음을 익히는 데 기본이 되므로 모두 외우는 것이 좋습니다.

◆ 처음에는 각 코드 사이에 한 마디씩 쉬면서 다음 마디를 준비하고 연주하세요.

4도권 왈츠

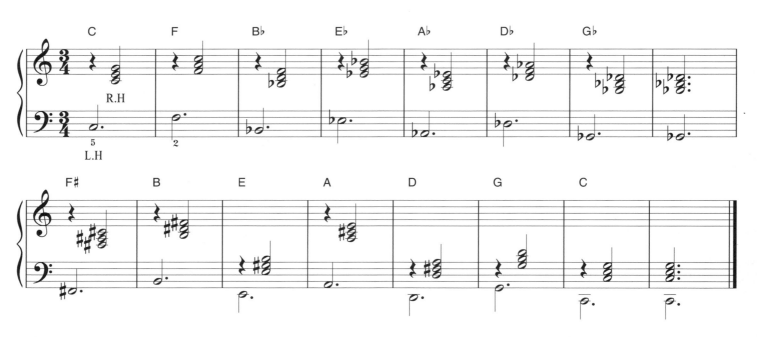

⁘ Gb과 F#은 이름이 달라도 같은 화음입니다.

12조성의 장3화음은 1, 3, 5음의 위치에 따라 기억하면 쉽습니다.

1. C, F, G장조는 1, 3, 5음이 모두 흰건반입니다.

2. Eb, Ab, Db(C#)장조는 1, 3, 5음이 모두 검은건반–흰건반–검은건반입니다.

3. E, A, D장조는 1, 3, 5음이 모두 흰건반–검은건반–흰건반입니다.

4. Bb, Gb, B장조는 1, 3, 5음의 위치가 각각 다릅니다.

◆4도의 조성 관계로 제시된 다음의 장3화음을 펼침화음과 모음화음으로 연습해 보세요.

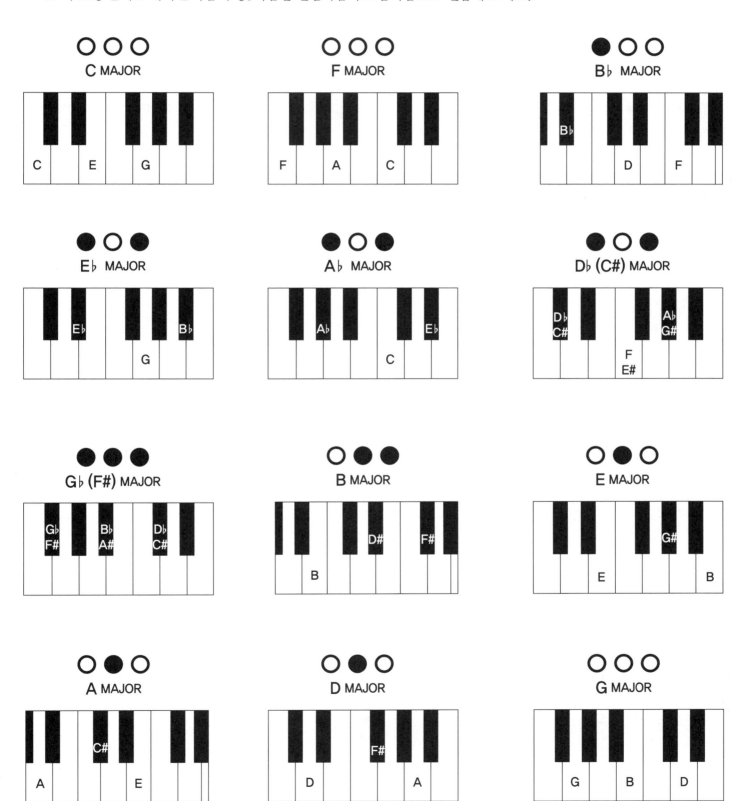

🎵 스트럼 스타일 반주

스트럼(strum) 스타일은 왼손으로는 화음의 근음을, 오른손으로는 화음을 번갈아 치는 반주입니다. 이것은 연주자가 노래를 부르면서 여러 음(또는 줄)을 동시에 치는 기타의 반주 형태에서 나왔습니다. 〈지붕 위의 바이올린〉을 노래하며 스트럼 스타일로 반주해 보세요.

지붕 위의 바이올린

−뮤지컬 〈Fiddler on the Roof〉 서막에서−

S. Harnick 작사 / J. Bock 작곡

〈리듬 변주〉

마디 5~8

♪ 위의 곡을 C장조와 E장조로 조옮김해 보세요.

◦◦◦ 실용음악의 리듬

고전음악과 실용음악의 근본적인 차이 중 하나는 바로 리듬에 있습니다. 일반적으로 고전음악에서는 강박에 강세가 오지만, 실용음악에서는 약박에 강세가 올 때가 많습니다. 이것을 **애프터 비트**(after beat) 또는 **백 비트**(back beat)라고 합니다.

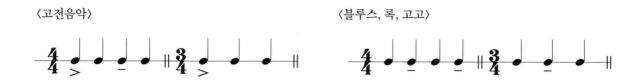

8분음표 리듬도 음악의 스타일에 따라 다르게 연주됩니다. 고전음악이나 록, 보사노바, 랙타임에서는 표기된 그대로 연주하지만, 스윙이나 셔플에서는 앞 8분음표에 약간의 바운스(bounce)를 주어 음표보다 조금 길게 연주하는 것이 특징입니다.

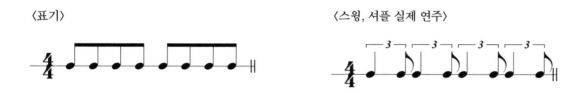

리듬연습

실용음악에서는 다음 박에 속한 음표가 앞당겨져 나오는 **안티시페이션**(anticipation: 앞지르기)이 많이 사용됩니다. 안티시페이션은 보통 8분음표가 다음 박과 붙임줄로 연결되어 표시되며, 4분음표가 앞당겨져 나올 수도 있습니다. 앞당겨진 음에는 약간의 악센트를 주어 연주합니다. 다음은 셋째 박이 앞당겨진 리듬 패턴입니다. 스윙 리듬으로 리듬 읽기를 해 보세요. 교사가 제시된 음절로 선창을 하면, 학생이 잘 듣고 따라 합니다.

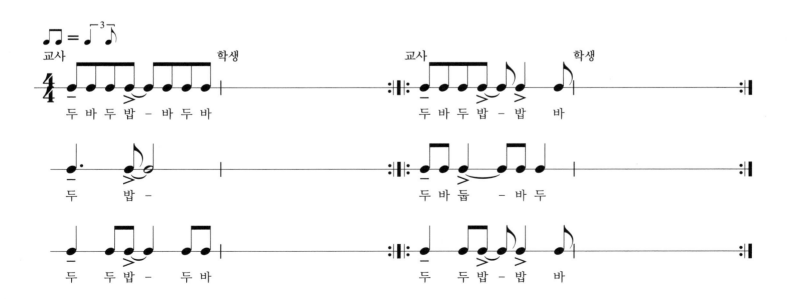

🎹 앙상블

1. 멜로디(part 1)를 스윙리듬으로 연주해 보세요.

2. 노래를 부르며, 스트럼 스타일의 코드 반주(part 2)를 해 보세요.

3. 펼침화음으로 이루어진 베이스(part 3)를 멜로디와 함께 연주해 보세요.

4. 그룹을 세 파트로 나누어 모두 함께 연주해 보세요(같은 피아노에서 연주할 때는 멜로디 파트를 한 옥타브 위에서, 베이스 파트는 한 옥타브 아래에서 연주합니다).

사자는 오늘 밤 잠을 잔다네
The Lion Sleeps Tonight
-애니메이션 〈Lion King〉 중에서-

L. Creatore, H. Peretti, G. D. Weiss 작사 · 작곡

* 달 세뇨(Dal Segno, D.S.)는 '세뇨부터 연주하라'는 뜻을 가진 기호입니다. 마디 13~16을 반복한 다음, 세뇨(𝄋)가 붙은 마디 5부터 다시 연주합니다.

8 화음의 자리바꿈

화음은 악곡의 흐름과 구조에 따라 구성음들의 위치를 바꾸어 연주할 수 있습니다. 이를 '화음의 자리바꿈'이라 하는데, 다음과 같이 밑자리에 근음이 오면 기본위치, 3음이 오면 첫째자리바꿈, 5음이 오면 둘째자리바꿈이라고 합니다.

연습

1. 자리바꿈화음을 익히는 가장 쉬운 방법은 아르페지오로 건반 전체에서 연습하는 것입니다. 한 손씩 낮은 C에서부터 시작하여 아르페지오로 자리바꿈 화음을 연주하며 갈 수 있는 만큼 올라가 보세요. 반대로 내려와 보세요.

2. 아르페지오가 익숙해지면 모음화음으로 자리바꿈하며 한 손씩 올라갔다 내려와 보세요.

3. 오른손은 아르페지오로, 왼손은 모음화음을 연주하며 연습해 보세요. 반대로도 해 보세요.

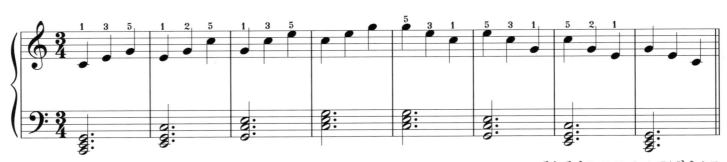

⑧ 장조의 주요3화음

음계의 1, 4, 5음을 근음으로 하는 으뜸화음(I), 버금딸림화음(IV), 딸림화음(V)은 음악에서 가장 많이 사용되므로 주요3화음 (primary chords)이라고 합니다. 화음의 음도(음계서열)를 나타낼 때는 로마숫자를 사용하며, 장화음은 로마숫자 대문자로 표기합니다.

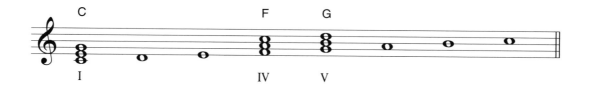

공통음 성부진행

공통음(common-tone)이란 화음의 구성음 중 한 음이 다른 화음의 구성음과 동일한 음인 경우를 말합니다. 화음진행을 할 때 공통음을 같은 위치에 두고 가장 가까운 위치로 이동하면 손을 쉽고 빠르게 움직일 수 있습니다. 또한 오른손으로 멜로디를 연주하고 왼손으로 반주를 할 경우 멜로디 파트가 연주할 수 있는 공간을 더 확보할 수 있습니다.

⑧ I–IV–V 화음진행

I–IV–V 진행은 가장 기본적인 화음진행입니다. 먼저 주어진 자리바꿈화음 형태로 쳐 본 후, 반복할 때는 악보 위에 제시된 리듬으로 변화를 주어 연습해 보세요. F장조, G장조, D장조로도 조옮김해 연습해 보세요.

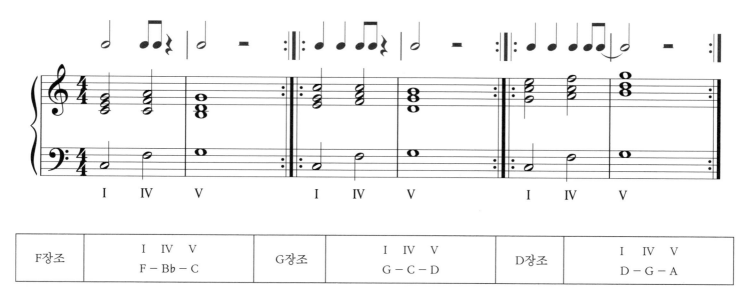

F장조	I IV V F – Bb – C	G장조	I IV V G – C – D	D장조	I IV V D – G – A

♪ 앞에서 배운 〈라이언 킹(Lion King)〉의 반주파트(part 2)를 자리바꿈화음으로 연주해 보세요.

◆ 이 곡은 I-IV-V 화음진행으로만 이루어져 있습니다. 리듬 패턴에 변화를 주며 반주해 보세요.

라 밤바
La Bamba

R. Valens 작사 · 작곡

라 밤 바 춤 추 - 려 - 면　　　　　라 밤 바 춤 추 - 려 - 면 아 주 조 금

- 의 기 품 이 필 요 해　　　　　그 리 고 위 로 위 로 - 갈 거 야
　　　　　　　　　　　　　　　　나 는 선 원 이 아 냐 너 를 위 해

- 그 리 고 위 로 -　　　　나 는 선 원 이 아 냐　　　　- 장 이 될 거 야
- 너 를 위 해 선

- 　　　밤 바 - 밤 - 바　　　　밤 바 - 밤 - 바

밤 바 - 밤 - 바　　　　밤 바 - 밤 -

이 노래는 멕시코 베라크루즈 지방의 전통적인 결혼식 축가를 미국의 리치 밸런스(R. Valens)가 로큰롤로 편곡하여 널리 알려졌습니다.

🎵 폴카 반주

폴카(Polka)는 19세기 보헤미아 지방에서 시작된 2박자 리듬의 경쾌하고 빠른 춤곡입니다. 요즘에는 두 마디를 한 단위로 하여 4/4박자로 표기하는 경우가 많습니다. 스트럼 스타일과 비슷하나, 다른 점은 왼손 베이스를 1음과 5음으로 자유롭게 움직여 연주한다는 것입니다.

1. 기본화음부터 시작

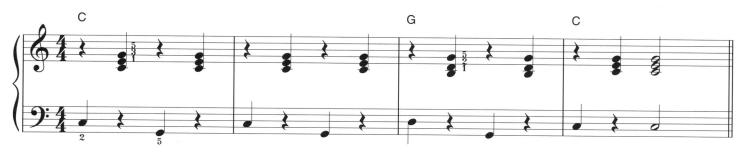

2. 첫째자리바꿈부터 시작

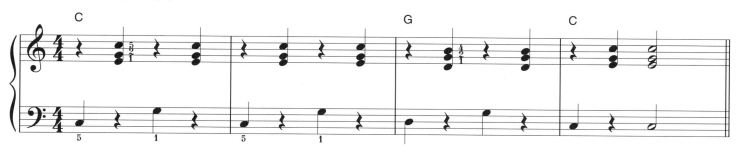

3. 둘째자리바꿈부터 시작

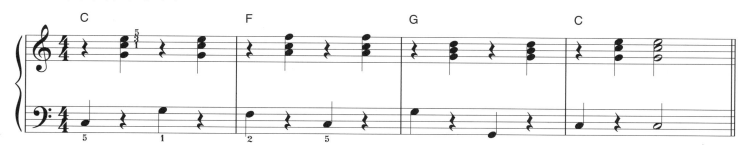

4. 응용

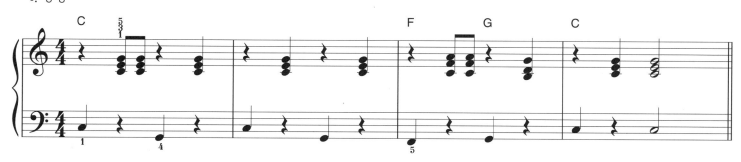

❖ C에서 G로 갈 때(1, 2번의 마디 3)와 같이 왼손에서 같은 음이 두 번 나올 때에는 5음을 먼저 치고 1음을 쳐도 괜찮습니다.

♪ Bb장조와 D장조로 조옮김하여 연습해 보세요.

37

내 영혼의 반석
Rock-A-My Soul

흑인 영가

* D. C. al Fine(다 카포 알 피네): 처음으로 돌아간 다음 Fine에서 종료하라는 뜻

♪ 위의 곡을 D장조로 조옮김하여 연주해 보세요.

◆ 리듬이 경쾌하고 8분음표가 많을 때에는 폴카 리듬도 8비트로 할 수 있습니다. 처음에는 4비트로 천천히 연습해 보세요.

이제는 못 날으리
Non piu andrai
−오페라 〈피가로의 결혼〉 중에서−

이유선 역사 / W. A. Mozart 작곡

귀 여 운 나 비 야 못 떠 나 리　　밤 이 나 낮 이 나 맴 을

돌 며　애 인 의 휴 식 을 방 해 하 는　　내 사 랑 사 랑 의 요 정

아　　애 인 의 휴 식 을 방 해 하 는　　내 사 랑 사 랑 의 요 정 아

미소년 케루비노는 백작부인에게 연정을 품고 이상한 행동을 하다가 백작에게 들키게 됩니다. 화가 난 백작이 케루비노를 군대에 보내 버리겠다고 선언합니다. 그러자 평소 케루비노의 행동을 못마땅해했던 피가로가 신이 나서 케루비노를 놀리는 노래입니다.

화음 결정하여 반주하기

노래에 반주부나 코드가 없는 경우 선율을 통하여 조성을 파악하고 화음을 선택하여 반주할 수 있는 기술이 필요합니다. 다음과 같은 방법으로 반주를 붙여 보세요.

1. 빈칸에 알맞은 코드명을 써 넣으세요. 멜로디의 주요 구성음(강박 또는 긴 음가를 가진 음)이 1, 3, 5음으로 되어 있으면 으뜸화음(I)으로, 2, 4, 5, 7음이면 딸림화음(V)으로 반주할 수 있습니다.

2. 각 곡에 어울리는 양손 반주 스타일을 찾아 보세요.

3. 전체를 가장 효과적으로 연주하기 위해 첫 코드를 어떤 위치에서 시작할지 결정해 보세요.

4. 시작 코드를 중심으로 가장 가까운 위치의 코드를 찾아 진행해 보세요.

5. 박을 고르게 유지하며 노래를 연주해 보세요. 코드를 정확하게 연주하지 못하더라도 음악의 흐름을 유지하는 것이 더 중요합니다.

연가

이명원 작사 / 뉴질랜드 민요

보리수

Der Lindenbaum

−〈겨울 나그네〉 중에서−

W. Muller 작사 / F. Schubert 작곡

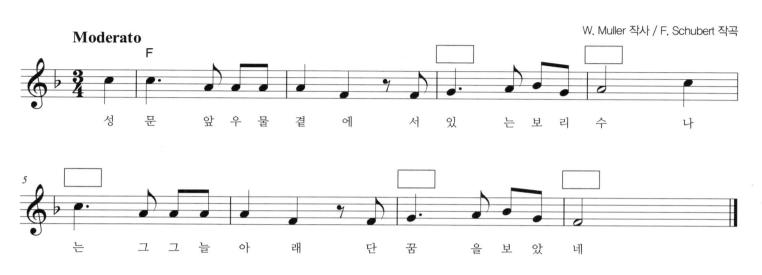

성 문 앞 우 물 곁 에 서 있 는 보 리 수 나

는 그 그 늘 아 래 단 꿈 을 보 았 네

일어서 앉아

Simama, Kaa

탄자니아 민요

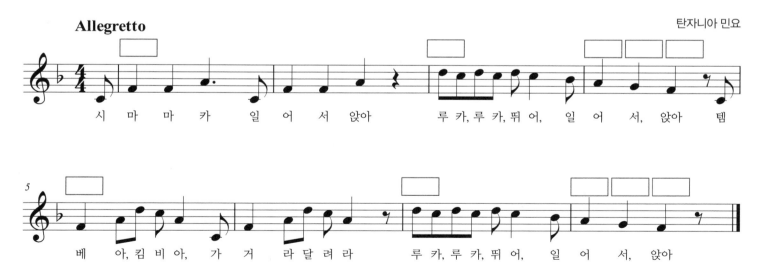

시 마 마 카 일 어 서 앉 아 루 카, 루 카, 뛰 어, 일 어 서, 앉 아 템

베 아, 킴 비 아, 가 거 라 달 려 라 루 카, 루 카, 뛰 어, 일 어 서, 앉 아

제2장

딸림7화음을 사용한 반주

8 딸림7화음

장3화음에 단7도를 더하면 딸림7화음(dominant 7th chords)이 됩니다. 코드명으로 표기할 때는 근음의 알파벳 이름에 '7'을 더합니다. 단7도를 가장 쉽게 찾는 방법은 근음에서 온음을 내린 음을 생각하는 것입니다.

장3화음 + 단7도 = 딸림7화음   장3화음 + 단7도 = 딸림7화음

연습

다음의 딸림7화음 연습을 4도권으로 연주해 보세요.

Bb7, Eb7, Ab7, Db7, Gb7(F#7), B7, E7, A7, D7, G7, C7으로 계속

딸림7화음의 생략

1. 일반적으로 딸림7화음을 연주할 때는 5음을 생략하고 연주합니다.

〈한 손〉

2. 양손으로 반주할 때에는, 왼손 베이스에 근음을 연주하기 때문에 오른손의 중복되는 근음을 생략할 수도 있습니다.

〈양손〉

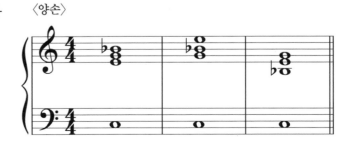

42

◆ 오른손에서 빠른 코드가 연속적으로 나올 때에는 손끝은 단단하게 유지하면서 손목에는 힘을 풀어 주어야 합니다. 멜로디 성부가 잘 들리도록 오른손을 가볍게 연주하세요.

캉캉
Can Can

J. Offenbach

이 곡은 프랑스의 작곡가 자크 오펜바흐의 대표작 〈천국과 지옥〉에서 무용수들이 캉캉을 추는 장면에서 쓰인 무곡으로 '지옥의 갤럽'이라고 불립니다.

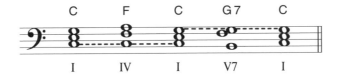

🎵 왼손 코드 반주 스타일

피아노가 노래를 리드하기 위하여 멜로디를 쳐 주어야 할 때가 있습니다. 이때는 오른손으로 멜로디를 치고 왼손으로 다양한 스타일의 코드 반주를 해야 합니다. 먼저 공통음으로 진행하는 I-IV-I-V7-I 화음진행을 연습해 본 후, 다양한 왼손 반주를 연습해 보세요.

연습

다음에 제시된 여러 가지 반주 패턴을 천천히 연습해 본 후, 점차 템포를 빠르게 하여 2/2박자의 느낌으로 연주해 보세요.

🎵 B♭장조와 D장조로 조옮김해 보세요.

* 왼손 베이스에 근음이 아닌 음이 올 경우의 코드 표기 방법은 제3장에서 다룰 것입니다.

◆ 오른손으로 멜로디를 연주하며 왼손으로 코드 반주를 해 보세요. 제시된 반주 스타일 외에 다른 반주형태로 바꾸어서도
연주해 보세요. 오른손 멜로디가 뚜렷하게 들리도록 왼손은 가볍게 연주하세요.

성자들의 행진
When the Saints Go Marching in

흑인 영가

🎹 앙상블

1. 한 파트씩 연습해 본 후, 그룹을 셋으로 나누어 앙상블로 연주해 보세요.

2. 오른손으로 멜로디를 연주하며, 왼손으로 코드 반주를 해 보세요.

3. 오른손으로 대선율을 연주하며, 왼손으로 코드 반주를 해 보세요.

송어
The Trout

F. Schubert 작곡 / 유은석 편곡

1817년 슈베르트가 친구들과 갔던 여행지의 아름다운 풍경에 매료되어 쓴 시를 주제로 하여 쓴 곡입니다. 원래는 피아노 5중주곡 〈송어〉의 4악장으로 쓰였으나, 후에 다시 성악곡으로 만들어졌습니다.

울 같은 강 물 에 송 어 를 바 라 네 거

울 - 같 은 - 강 - 물 에 송 어 를 바 라 네

◆ 왼손의 왈츠형 리듬 반주입니다. 그룹을 셋으로 나누어 앙상블로 연주해 보세요.

아름답고 푸른 도나우
The Blue Danube Waltz

J. Strauss II 작곡 / 유은석 편곡

♪ 세 파트를 모두 연주하는 것에 도전해 보세요. 오른손으로 파트 1과 2를 연주합니다(파트 2의 긴 음에서 페달을 밟아 줍니다).

🎵 4비트 리듬 반주

4/4박자 음악에서 가장 기본적으로 사용되는 반주 패턴으로, 오른손이 한 박자에 한 번씩 코드를 연주하는 방법입니다. 왼손은 리듬을 변형하여 다양한 분위기로 연주할 수 있습니다. 오른손에서 자리바꿈하는 I-IV-V7의 공통음 성부진행을 익혀 본 후, 다양한 4비트 리듬을 연습해 보세요.

E, F, G, A, Bb장조로 조옮김해 보세요.

연습

1. 기본화음

2. 둘째자리바꿈

3. 셋째자리바꿈

♪ E장조와 F장조로 조옮김해 보세요.

◆ 먼저 D장조로 연주해 본 후, E장조로 조옮김하여 연주해 보세요(괄호 안의 코드 기호를 참조하세요).

패턴 1   패턴 2

꿍따리 샤바라

경쾌하게

김창환 작사 · 작곡

1.마 음 이 울 적 하 고 답 답 할 땐 — 산 으 로 올 라 가 소 릴 한 번 질 러 봐 — 나 처
2.누 구 나 세 상 을 살 다 보 며 는 — 마 음 먹 은 대 로 되 지 않 을 때 가 있 어 그 럴

럼 이 렇 — 게 가 슴 을 펴 고   꿍 따 리 샤 바 라 빠 — 빠 빠 — 빠 —
땐 나 처 — 럼 노 랠 불 러 봐   꿍 따 리 샤 바 라 빠 — 빠 빠 — 빠 —

꿍 따 리 샤 바 라 빠 — 빠 빠   빠 빠 빠 — 빠 빠 빠 빠 빠

꿍 따 리 샤 바 라 빠 — 빠 빠   빠 빠 빠 — 빠 빠 빠 빠 빠

◆ 4비트의 오른손 코드를 분산시켜 8분음표 두 개로 연주하면 8비트 반주가 됩니다. 왼손은 4비트와 동일하게 연주합니다.

반주패턴: 마디 1~4

매기의 추억
When You and I Were Young, Maggie

김인식 역사 / G. Johnson 작사 / A. Butterfield 작곡

비긴 반주

비긴(Beguine)은 서인도 제도의 마르티니크 섬과 세인트루시아 섬 원주민의 민속춤에서 유래한 것으로, 라틴 민속춤과 프랑스의 볼룸 댄스가 혼합된 춤입니다. 느리지만 경쾌하며, 앞 박에 당김음이 들어가는 리듬이 특징적입니다. 1930년대에 콜 포터(Cole Porter)가 작곡한 'Begin the Beguine'이 영화에 삽입되면서부터 세계적으로 널리 알려졌습니다.

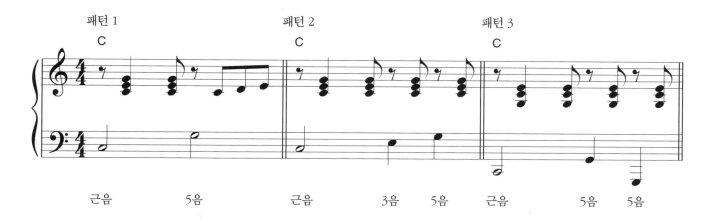

◆ 패턴 1은 오른손에서 당김 리듬을 연주한 다음 3-4박에서 스케일 또는 코드톤을 연주하는 것입니다. 이때 방향을 바꾸거나 코드톤 밖의 음을 연주할 수 있습니다. 왼손은 근음과 5음을 연주합니다.

좋으신 하나님
God Is So Good

가스펠

◆ 비긴리듬 패턴 1로 반주를 붙여 보세요.

이날은(시편 118:24)
This Is the Day

◆ 다른 비긴리듬 패턴으로 바꾸어서도 연주해 보세요.

패턴 2: 마디 1~4

패턴 3: 마디 9~12

보물
-영화 〈선생 김봉두〉 중에서-

자전거 탄 풍경

Allegro

술 래 잡 기 고무 줄놀 이 말 뚝 박 기 망 까 기말 타 기

놀 다 보 면 - 하루 는 - 너 - 무나 짧 아

Fine

어 색 - 한표 - 정의 - 단체사 진 속에 는 -

잊 지 - 못할 - - 내 어린날 그 보 물 들 -

D.C. al Fine

55

🪶 화음 결정하여 반주하기

1. 빈칸에 I, IV, V(V7) 중 알맞은 화음을 찾아 코드명을 써 넣으세요.

   • 일반적으로 작은 악절의 끝에는 V7, 악곡의 종지에는 V7-I이 옵니다.

   • 강박에 나오는 음이라도 앞꾸밈음은 비화성음으로 간주합니다.

2. 각 노래에 어울리는 반주 스타일을 찾아보세요.

3. 첫 코드를 어떤 위치에서 시작할지 결정한 후, 시작 코드를 중심으로 가장 가까운 위치의 코드를 찾아 연주해 보세요.

홍하의 골짜기
Red River Valley

미국 민요

New River Train

미국 민요

◆ 이번에는 직접 모든 화음을 결정하여 반주를 붙여 보세요.

1. 각 마디에서 목표음(target notes)을 찾습니다. 목표음이란 주로 강박이나 긴 음가를 가진 음들입니다.

2. 조성을 확인한 후, 주요3화음 중 목표음을 구성음으로 포함하고 있는 코드들을 나열합니다.

3. 피아노로 각 화음을 쳐 보면서 진행이 자연스럽고 듣기 좋은 화음을 고르세요.

4. 대개 한 마디에 하나의 화음이 나오며, 때로는 두 개의 화음이 나옵니다. 매 박마다 화음이 바뀌는 경우는 적습니다.

5. 어울리는 리듬반주 스타일을 선택합니다.

보리밭

박화목 작사 / 윤용하 작곡

Andantino

보 리 밭 사 잇 길 로 걸 어 가 면

뉘 - 부 - 르 는 - 소 리 있 - - 어 - 나 를 멈 - - 춘 다

옛 생 - 각 이 외 로 - - 워 휘 바 람
돌 아 - 보 면 아 무 - - 도 뵈 이 지

불 - - - 면 고 운 노 래 귓 가 - 에
않 - - - 고 저 녁 - 놀 빈 하 늘 만

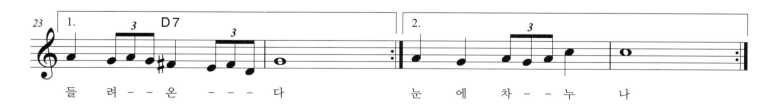

들 려 - - 온 - - - 다 눈 에 차 - - 누 나

♪ Bb장조로 조옮김하여 연주해 보세요.

제3장

단3화음을 사용한 반주

8 단3화음

단음계의 1, 3, 5음을 동시에 치면 단3화음(minor triads)이 됩니다. 코드명으로 표기할 때는 알파벳 이름 옆에 소문자 'm'을 붙입니다(예: Cm). 어떤 악보에서는 '−'를 사용하기도 합니다(예: C−).

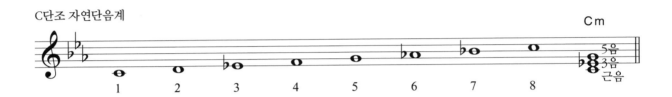

장3화음은 근음에 장3도와 완전5도를 쌓아 만든 3화음이고, 단3화음은 근음에 단3도와 완전5도를 쌓아 만듭니다. 단3화음을 쉽게 찾는 방법은 장3화음의 3음을 반음 내리는 것입니다.

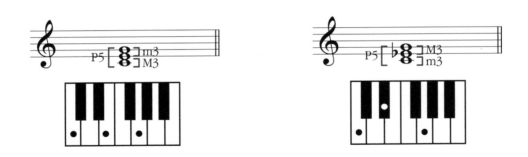

연습

장3화음에서 단3화음으로 바뀌는 것을 다음과 같은 패턴으로 연습해 보세요. 장3화음과 단3화음의 음색 변화를 잘 들어 보세요. 4도권의 나머지 코드들도 같은 방법으로 연습해 보세요.

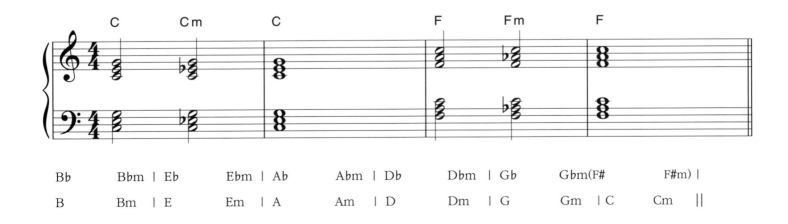

◆ 이 곡에는 A도리안 선법이 사용되었습니다. 도리안 선법은 자연단음계에 6음을 반음 올린 것과 같습니다. 왈츠형 반주로 연주해 보세요.

마디 1~8   마디 9~16

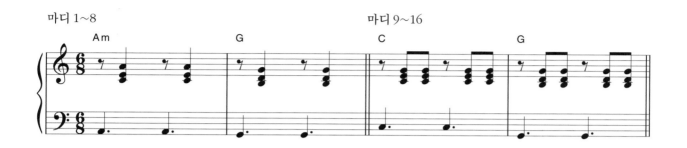

푸른 옷소매
Greensleeves

표현력 있게 (♩.= 60)

♪ 왼손 코드 반주 스타일로 바꾸어 연주해 보세요.

8 단조의 주요3화음

장조에는 한 가지 음계만 있지만 단조에는 세 가지(자연, 화성, 가락) 음계가 있어 각각의 단음계에서 만들어지는 3화음의 종류도 다양합니다. 실제로 단조 곡에서는 세 가지 단음계가 섞여서 쓰이는 경우가 많습니다.

- **자연단음계**의 주요3화음은 모두 단3화음입니다. 여기서 5도 화음은 딸림화음의 기능을 하지 못하므로 '마이너 v(minor-five)'라고 부릅니다. 음도를 나타낼 때, 단화음은 로마숫자 소문자로 표기합니다. 실용음악에서는 대문자 옆에 m을 붙이기도 합니다(예: Im, IVm, Vm).

A단조 자연단음계

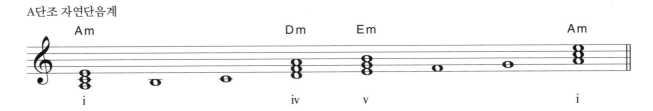

- **화성단음계**의 이끔음(#7)은 5도 화음을 딸림화음(dominant)로 만들어 줍니다. 일반적으로 서양음악에서는 으뜸화음으로 가려는 성향이 강한 딸림화음(V, V7)이 사용됩니다.

A단조 화성단음계

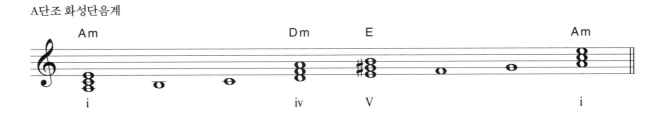

8 i-iv-V7-i 화음진행

다음은 단조의 i-iv-V7-i 화음진행입니다. 여러 자리바꿈화음 형태로 연습해 보세요.

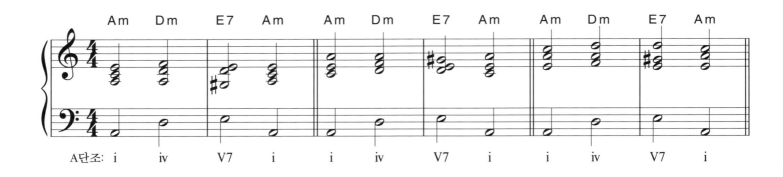

♪ 다른 조성으로 조옮김하여 자리바꿈화음을 연습해 보세요.

◆ 이 곡에는 E단조 자연단음계의 v(Bm)와 화성단음계의 V(B)가 함께 사용되었습니다. 규칙적인 4비트로 연주하다가 악절 끝의 긴 음가에서는 셋잇단음을 넣어 웅장한 분위기를 살려 보세요.

마디 1~4

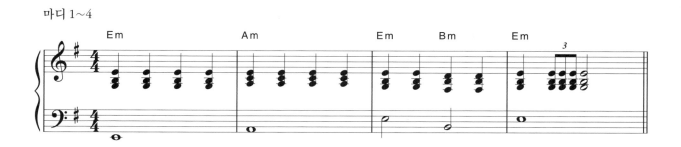

피날레
-교향곡 9번 〈신세계〉 중에서-

Allegro con fuoco (빠르고 힘차게)

A. Dvořák

🎹 긴 음 채우기

악구나 악절 끝에 긴 음가의 선율이 나올 때는 지루하거나 허전하게 느껴질 수 있습니다. 멜로디에 긴 음으로 인한 공백은 다음과 같은 방법으로 채울 수 있습니다.

1. 윗 보조음(upper neighboring tone)의 사용

2. 아래 보조음(under neighboring tone) 또는 턴(turn)의 사용

3. 분산화음(arpeggio)의 사용

4. 음계의 사용

5. 메아리 기법(echo)의 사용

🎹 워킹 베이스

워킹 베이스(walking bass)란 동일한 리듬(대개 4분음표)으로 한 걸음씩 걸어가는 베이스 라인을 말하며, 코드 간의 진행을 부드럽게 하기 위하여 사용합니다.

1. 베이스의 첫 박은 근음을 연주하고, 두 마디 연속 같은 코드일 경우 근음 또는 5음을 연주합니다.

2. 베이스 라인의 전체적인 모양에 따라 올라가거나 내려갈 수 있습니다.

3. 다음 코드의 근음과 연결할 때 이끎음, 경과음, 또는 코드톤을 사용하세요.

◆ 멜로디의 긴 음에 자유롭게 긴 음 채우기(fill-in)를 넣어 연주해 보세요.

◆ 워킹 베이스를 사용해 양손 반주를 해 보세요.

내 어머니
Mother of Mine

유병무 역사 / B. Parkinson 작곡

🖋 화음 결정하여 반주하기

〈동백 아가씨〉의 화음진행은 A단조의 주요3화음으로 이루어졌습니다. 빈칸에 알맞은 코드명을 써 넣은 후, 8비트 폴카반주를 붙여 보세요.

동백 아가씨

한산도 작사 / 백영호 작곡

◆ '사랑의 로망스'는 ABA형식으로, A부분은 E단조로 시작했다가 B부분에서는 같은 으뜸음조(E장조)로 조바꿈을 합니다.
　E단조의 주요3화음(i, iv, V 또는 V7)과 E장조의 주요3화음(I, IV, V 또는 V7)을 사용하여 분산화음 반주를 붙여 보세요.

사랑의 로망스
Romance de L'amour

♩ D단조로 조옮김해서 연주해 보세요.

🎵 아르페지오 반주

아르페지오(arpeggio)는 이탈리아어의 'arpeggiare(하프를 연주하다)'에서 유래된 말로서, 화음의 구성음을 동시에 울리는 것이 아니라 각각 분산하여 연주하는 방법입니다. 느리고 잔잔한 곡에 아르페지오 반주를 적용하면 부드러운 느낌을 극대화할 수 있습니다. 악곡의 분위기와 선율 구조에 따라 다양한 변화가 가능합니다.

1. 1-5-8 패턴

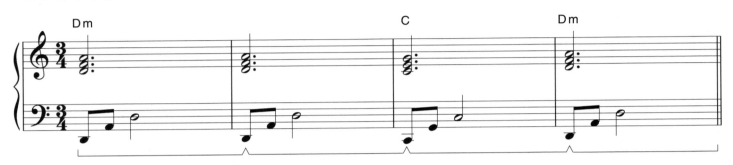

2. 1-5-8(1)-3-5 패턴

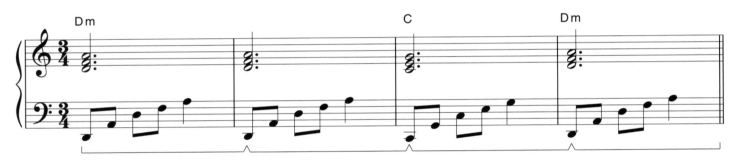

3. 1-5-10(3) 패턴

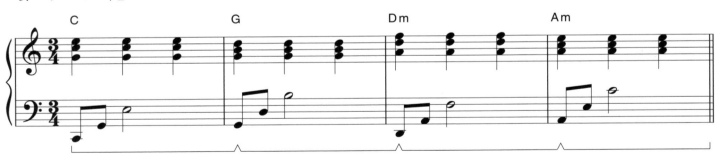

4. 1-5-8-5-3 패턴

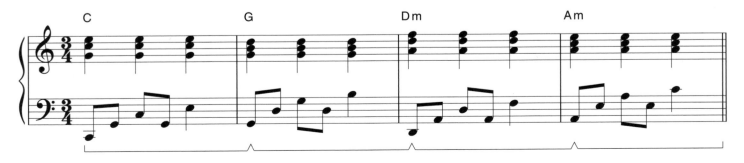

◆ 아르페지오의 기본 패턴(1-5-8 패턴)을 사용하여 반주를 붙여 보세요. 선율에 긴 음이 나오거나 화려함을 더하고 싶을 때는 기본 패턴 위에 3음과 5음을 더한 1-5-8-3-5 패턴을 사용합니다.

스카보로우 페어
Scarborough Fair

◆ 아르페지오 패턴 1과 2를 적용해 반주를 붙여 보세요.

숲 속의 오솔길
Promenade Dans Les Bois

P. Senneville & O. Toussaint

반복할 때는 오른손 한 옥타브 올려서

♪ 반주 패턴을 바꾸어 연주해 보세요.

〈아르페지오 1-5-10 패턴〉   〈왈츠 패턴〉

◆ 선율의 리듬과 분위기에 따라 아르페지오의 패턴을 다르게 바꿀 수 있습니다. 패턴 3(1-5-10 패턴)은 3화음의 3음과 5음의 위치를 바꾸어 넓게 펼친 것으로, 3화음의 구성음을 모두 연주하기 때문에 깨끗하면서도 알찬 소리가 납니다. 이의 변형인 패턴 4(1-5-8-5-3 패턴)는 소리를 더 풍성하게 만들어 줍니다.

A Time for Us
-영화 〈로미오와 줄리엣〉 중에서-

N. Rota

* ✛ 비데(vide)는 반복할 때 비데와 비데 사이를 생략하고 연주하라는 기호입니다.

◆ 다양한 아르페지오 패턴을 자유롭게 사용하여 반주해 보세요.

마디 1~5

꼭 안아줄래요

한경아 작사 / 윤학준 작곡

따뜻한 느낌으로

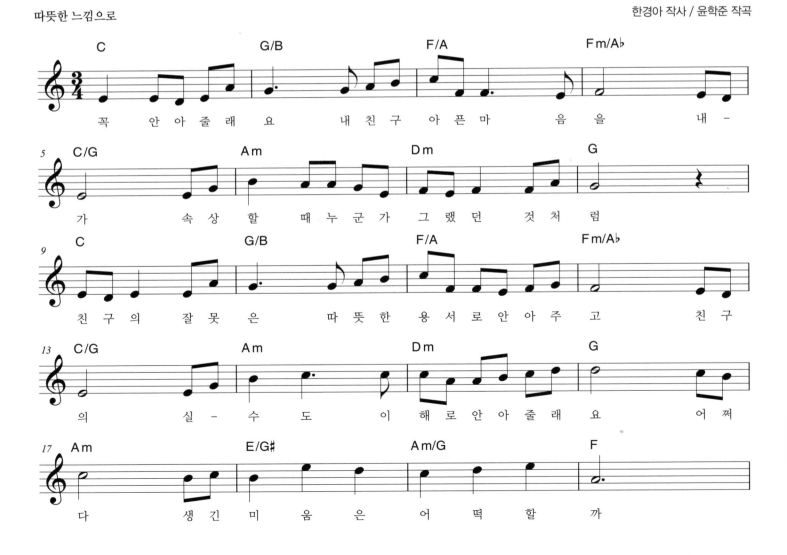

분수코드

베이스에 음계의 1음이 아닌 음이 올 때, 먼저 코드명을 쓰고 빗금(/)을 그은 다음 베이스에 오는 음을 표기합니다. 분수코드(chords with slash)를 읽을 때에는 'C/G' 의 경우 'C on G' 혹은 'C over G' 'C Slash G'라고 읽습니다. Am/G와 같이 코드톤이 아닌 음이 베이스에 올 수도 있습니다.

8 sus4 화음

sus4(suspended 4th)는 3화음의 구성음 중 3음을 반음 올려서 4음으로 연주하라는 뜻입니다. sus4는 주로 I나 V가 길게 나올 때, 긴장감을 더해 주기 위해 사용됩니다. 대개 sus4음이 다시 원래의 3음으로 돌아가 해결됩니다. 코드명은 줄여서 'sus'로 표기하기도 합니다.

기본자리　　　　　첫째자리바꿈　　　　　둘째자리바꿈

◆ Dsus4와 Gsus4를 자리바꿈화음으로 연습해 보세요.

마디 5~8

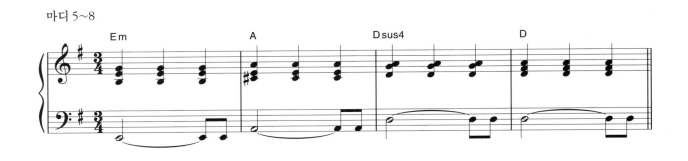

나 같은 죄인 살리신
Amazing Grace

가스펠

◆ 이 곡은 멜로디 안에 sus4의 4음이 3음으로 해결되는 곳이 많습니다. sus 코드의 윗음이 각 마디 첫 박의 멜로디 음에 맞도록 자리바꿈하여 연주해 보세요.

You Needed Me

R. Goodrum 작사 · 작곡

이 곡은 사랑받을 자격이 없는 사람에게 부어지는 무조건적인 사랑을 노래하고 있습니다. 1978년에 캐나다의 가수 앤 머래이(A. Murray)가 불러 그래미상을 받았고, 1999년에 팝 밴드 보이존(Boyzone)이 녹음해 UK 싱글 차트의 1위를 차지했습니다.

앙상블

왈츠
Waltz
-〈재즈 모음곡 2번〉 중에서-

D. Shostakovich 작곡 / 유은석 편곡

* 파트1, 2와 도돌이표의 위치가 다름에 주의하세요.

왈츠
Waltz
-〈재즈 모음곡 2번〉 중에서-

D. Shostakovich 작곡 / 유은석 편곡

* 파트 1이 처음 시작할 때는 한 옥타브 아래에서 첼로의 음색으로 연주하고, 반복 시에는 원위치에서 바이올린의 음색으로
  연주하면 더 흥미로운 연주가 될 수 있습니다.

제4장

대리화음을 사용한 반주

8 장조 다이어토닉 3화음

순수하게 온음계(diatonic scale, 장음계와 자연단음계)의 구성음들로만 만들어진 화음을 다이어토닉 코드라고 합니다. 다음은 장음계에서 만들어지는 장조 다이어토닉 3화음(major diatonic triads)입니다.

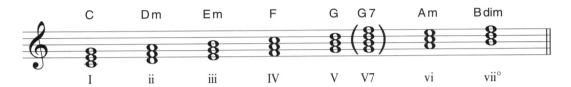

8 대리화음

'부3화음'인 ii, iii, vi, viiº는 '주요3화음(I, IV, V)'을 교체하여 대리화음(substitute chords)으로 사용될 수 있습니다. 대리화음은 일반적인 화음진행에 새로운 변화를 주어 음악적 표현력을 넓혀 줍니다.

1. 으뜸화음(I) 대신 vi나 iii를 쓸 수 있습니다.

2. 버금딸림화음(IV) 대신 ii를 쓸 수 있습니다.
(vi가 쓰일 때도 있습니다.)

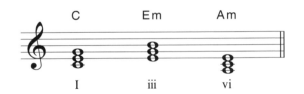

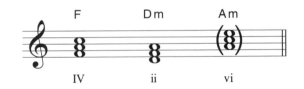

* 딸림화음의 대리화음은 감화음(viiº)이며, 제10장에서 다루어집니다.

〈예시〉 I와 IV의 대리화음

봄노래

W. A. Mozart

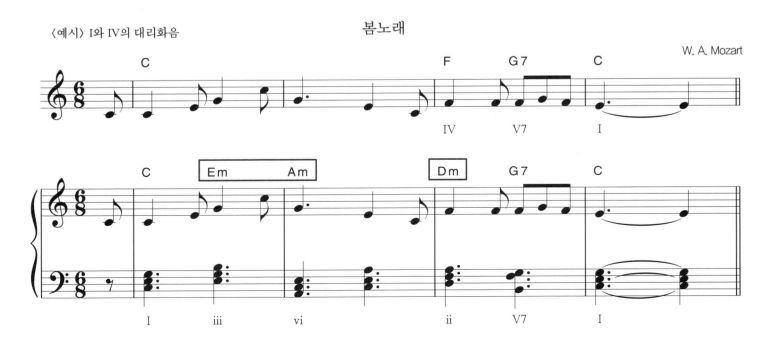

ii–V7–I 화음진행

ii-V7-I은 클래식, 재즈, R&B, 소울 등의 모든 음악에서 자주 사용되는 화음진행입니다.

1. I-IV-V7-I 진행에서 IV의 단순 대리화음으로 ii가 사용될 때가 있습니다(예: 〈울게 하소서〉).

2. ii-V7은 어떤 조성의 으뜸음을 기대하게 하는 동시에 하나의 묶음으로 들리면서 화음의 방향을 확실하게 보여 주므로 종
지(cadence: 악절이나 악구를 마무리하는 화성진행)에 많이 사용됩니다(예: 〈뚱보새〉).

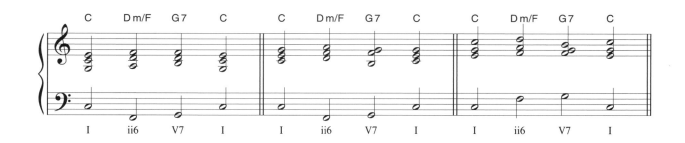

울게 하소서
Lascia ch'io pianga

G. Rossi 작사 / G. F. Händel 작곡

◆ 〈뚱보새〉는 A(a+b)−B(c+d)−C(c+b')의 세도막 형식으로 된 창작동요입니다. A와 C 부분의 종지에서 F장조의 ii-V7-I 진행이 사용됩니다. B부분에서 같은 으뜸음 단조인 F단조로 전조했다가 다시 F장조로 돌아오는 것이 특징적입니다. 폴카나 비긴 리듬을 사용해 양손 반주를 해 보세요.

뚱보새

8 I–vi–ii–V7 화음진행

I의 대리화음인 vi에서 5도씩 아래로 진행하면 다시 처음으로 돌아가는 순환 코드 진행으로, ii–V7–I 화음진행과 함께 턴 어라운드(turn around)라고 불립니다.

하트 & 소울
Heart & Soul
−영화 〈빅(Big)〉(1988) OST 수록곡−

H. Carmichael

🎹 즉흥연주

〈하트 & 소울〉은 같은 화음진행이 계속 반복되므로 멜로디와 리듬에 변화를 주며 즉흥연주를 할 수 있습니다. 멜로디를 바꿀 때에는 비화성음과 화성음을 적절하게 사용하세요.

〈멜로디 파트 변주〉

변주 1: 리듬 변형

변주 2: 선율 변형

변주 3: 직접 만들어 보세요.

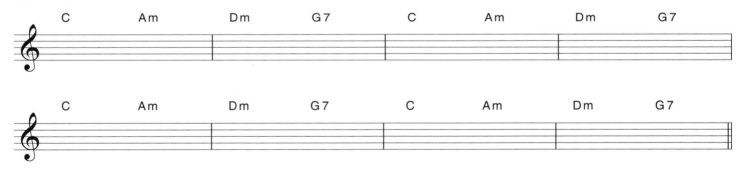

〈반주파트 변주〉

변주 1: 리듬 변형   변주 2: 선율 변형

8 I–iii–IV–V7 화음진행

I의 대리화음으로 iii(Em)가 사용되는 기본 진행입니다.

마디 1~4

사랑의 콘체르토
Lover's Concerto

D. Randell, S. Linzer, & J. S. Bach

Moderato

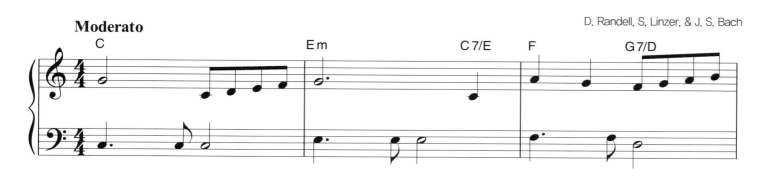

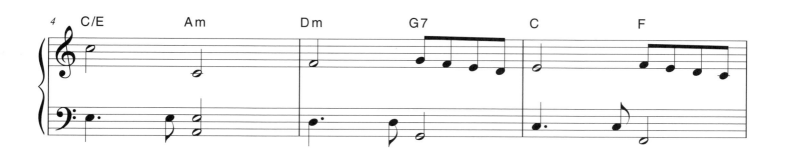

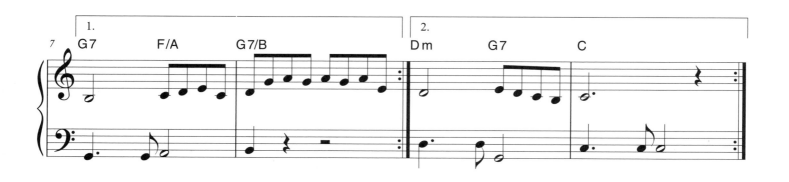

◆ 이 곡은 A-B-A′형식으로 되어 있습니다. 악곡의 주요 화음진행은 I-vi-ii-V7이며, 마디 9에서는 I(G) 대신 대리화음인
iii(Bm)가 사용되었습니다.

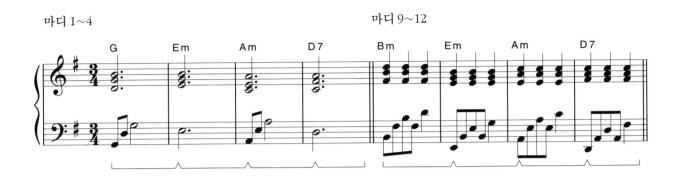

Try to Remember

T. Jones 작사 / H. Schmidt 작곡

🎹 반주 붙이기

이 곡에 사용된 대리화음을 찾아본 후, 어울리는 스타일의 반주를 붙여 연주해 보세요.

- ii-V7 진행이 쓰인 곳을 찾아 네모 표시를 해 보세요(Am-D7).
- I의 대리화음(iii, vi)이 쓰인 곳을 찾아 동그라미를 쳐 보세요.

크리스마스에는 축복을

김현철 작사 · 작곡

🖋 화음 결정하여 반주하기

1. 빈칸에 적당한 대리화음을 써 넣은 후, 어울리는 리듬 스타일로 반주를 해 보세요.

- I, IV, V를 대신하여 대리화음을 사용하거나 대리화음으로 세분할 수 있습니다.
- 긴 으뜸화음은 iii-vi 또는 vi-iii로 세분할 수 있습니다.
- 딸림7화음 앞에 ii를 사용할 수 있습니다(ii-V7).

울면 안 돼
Santa Claus Is Coming to Town

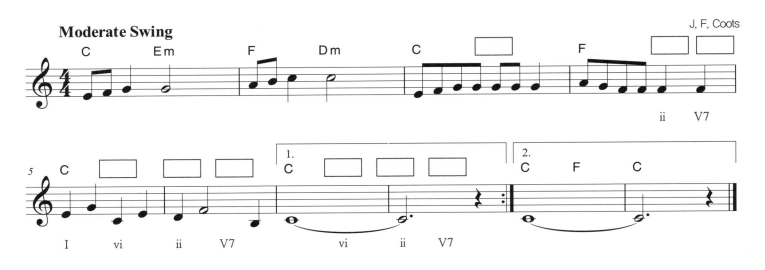

나 같은 죄인 살리신
Amazing Grace

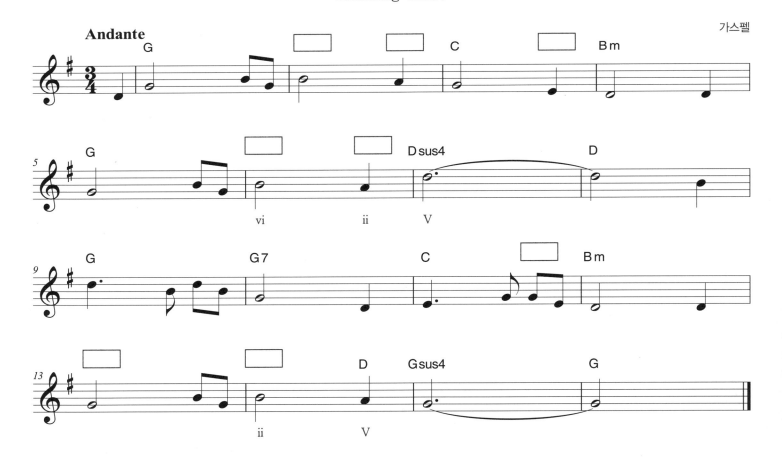

2. 이번에는 직접 모든 화음을 결정하여 반주를 붙여 보세요.

상록수

Andantino

김민기 작사 · 작곡

저 들 에 푸 르 른 솔 잎 을 보 라
돌 보 는 사 람 도 하 나 없 는 데
비 바 람 불 고 눈 보 라 쳐 도
온 누 리 끝 까 지 맘 껏 푸 — 르 다

기러기

Moderato

윤석중 작사 / S. Foster 작곡

달 — 밝은 가을 밤 에 기 러 기 들 이
찬 — 서리 맞으면 서 어 디 로 들 가 나 요
고 단 한 날 개 쉬 어 가 라 고
갈 대 들 이 손 을 저 어 기 러 기 를 부 르 네

🎵 록 리듬

1940대 후반~1950년대에 미국에서 블루스, 컨트리와 같은 음악들을 기반으로 빠르고 경쾌하게 연주한 음악을 'Rock & Roll'이라고 불렀습니다. 록(rock)은 대중음악을 의미하는 팝과 서로 영향을 주며 발전하여 현재 둘 사이의 경계는 뚜렷하지 않습니다. 4/4박자의 2번째와 4번째 박에 악센트가 오며, 8비트 리듬이 특징적입니다.

◆ 록 그룹 '퀸(Queen)'이 부른 〈We Will Rock You〉의 후렴부에 다양한 록 리듬 패턴을 붙여 연습해 보세요.

We Will Rock You

B. May 작사 · 작곡

◆ 산울림의 1984년 작품인 〈너의 의미〉는 2014년에 아이유가 리메이크하여 세대를 아우르며 큰 인기를 끌었습니다. 록 리듬으로 반주하며 노래해 보세요.

너의 의미

김한영 작사 / 김창완 작곡

너 의   그 한 마 디 말 도   그 웃 음 도   나 에 겐 - 커 다   란 의 미

너 의   그 작 은 눈 빛 도   쓸 쓸 한 뒷 모 습 도   나 에 겐 - 힘 겨   운 약   속

너 의 모 든 것 은 내 게   로   와   풀 리 지 않 는 수 수 께 끼 가 - 되   네

슬 픔 은   간 이 역 의   코 스 모 스 로 피 고 -   스 쳐   불 어 온 넌   향 긋   한 - 바 람 -

나 이 제 뭉 게 구 름   위 에 성   을 짓 고 -   널   향 해 창 을 내 - 리   바 람   드 는 창 을 -

D.C.

8 I–V–vi–IV 화음진행

I–V–vi–IV 진행은 〈고별의 노래(Auld Lang Syne)〉〈Time to Say Goodbye〉 등의 여러 악곡에 자주 사용되는 화음진행입니다. 오른손 코드의 자리바꿈진행을 록 리듬으로 연습해 보세요.

연습

Let It Be

8 I–V–vi–iii–IV–I–IV–V 화음진행

다음은 파헬벨(Pachelbel)의 〈캐논 변주곡〉에 사용된 화음진행입니다. 5도권을 중심으로 이동하는 이 진행은 우리나라에서 가장 사랑받는 화음진행 중 하나입니다. 다음의 화음진행에 맞추어 〈당신은 사랑받기 위해 태어난 사람〉을 노래해 보세요.

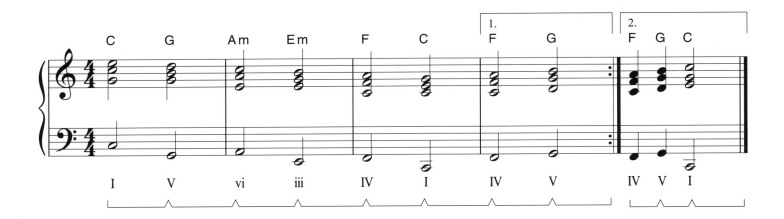

이번에는 동일한 진행을 베이스음이 순차적으로 한 음씩 내려가게끔 자리바꿈하여 연주해 보세요. 베이스 라인의 순차 진행은 조용하고 안정된 분위기를 조성해 줍니다. 4마디의 C 코드는 대리화음인 Em로 연주할 수 있습니다. 제시된 오른손의 음을 가장 윗음으로 하여 화음을 채워 보세요.

당신은 사랑받기 위해 태어난 사람

이민섭 작사 · 작곡

화음 결정하여 반주하기

◆ 이 곡은 F장조에서 캐논과 동일한 진행을 합니다. 빈칸에 알맞은 코드를 써 넣은 후 반주를 붙여 보세요.

언제나 몇 번이라도
−애니메이션 〈센과 치히로의 행방불명〉 중에서−

Kaku Wakako 작사 / Kimura Yumi 작곡

앙상블

캐논
Canon

J. Pachelbel 작곡 / 유은석 편곡

제5장

변화화음을 사용한 반주

8 변화화음

변화화음(altered chords)은 다이어토닉 화음 가운데 어떤 음을 반음 올리거나 내려서 변화시킨 화음을 말하며, 화성 진행을 부드럽게 하거나 다양한 색채감을 주기 위해 사용됩니다. 자주 사용되는 변화화음에는 중화음과 감화음, 모달 인터체인지(modal interchange) 등이 있습니다.

8 증3화음

증3화음(augmented triads)은 근음에 장3도, 증5도를 쌓아 만든 3화음입니다. 쉽게는 장화음의 5음을 반음 올려서 만들 수 있습니다. 코드명은 알파벳 이름 옆에 '+' 또는 'aug'를 붙입니다.

연습

다음의 증3화음을 반음씩 올라가며 12조성으로 연습해 보세요.

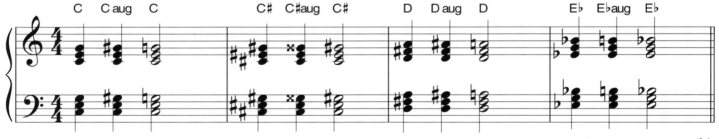

E, F, F#, G, Ab, A, Bb, B로 계속

증화음의 경과적 기능

증화음은 화음의 진행을 순조롭게 하기 위한 경과적 화음(passing chord)으로 쓰입니다. 변화화음은 반드시 해결되어야 합니다.

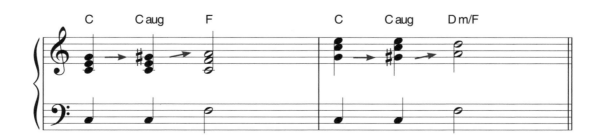

◆ 다음 악곡에서는 증3화음이 경과적으로 사용되었습니다.

라르고
Largo
-〈신세계 교향곡 2악장〉 중에서-

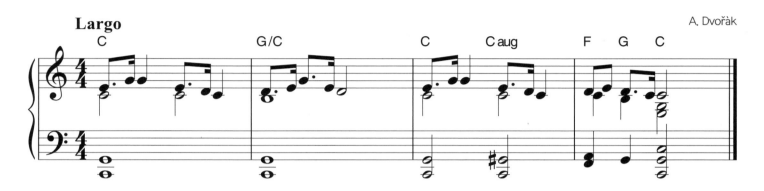

등대지기

얼어 붙은 달 그림자 물결 위에 차고 한
겨울의 거센 파도 모으는 작은 섬 생
각 하라 저 등대를 지키는 사람의 거
룩 하고 아름다운 사랑의 마음을

♪ 제2장에 나오는 〈좋으신 하나님〉에 증3화음을 붙여 보세요.

증화음의 딸림화음적 기능

증화음은 전주, 또는 다 카포(Da Capo)나 달 세뇨(Dal Segno)의 끝에 나오는 딸림화음(V, V7)을 대신하여 사용할 수 있습니다. 이때는 증7화음을 많이 씁니다.

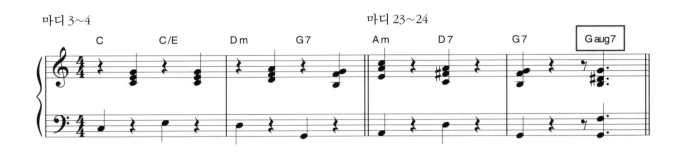

루돌프 사슴코
Rudolph the Red-Nosed Reindeer

J. Marks 작사 · 작곡

🎹 반음계적 베이스 진행

왼손에서 코드의 근음을 반음 위 또는 아래에서 접근하면 흥미로운 베이스 라인이 만들어집니다.

마디 1~6

축하하오 기쁜 크리스마스
I Wish You a Merry Christmas

영국 캐럴

8 감3화음

감3화음(diminished triads)은 근음에 단3도, 감5도를 쌓아 만든 3화음입니다. 쉽게는 단3화음의 5음을 반음 내려서 만들 수 있습니다. 코드명은 알파벳 이름 옆에 'dim' 또는 'o'를 붙입니다.

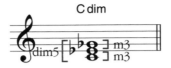

연습

다음의 형태를 반음씩 올라가며 12조성으로 연습해 보세요.

D, Eb, E, F, F#, G, Ab, A, Bb, B로 계속

감3화음의 기능

1. 감3화음은 베이스 라인이 반음계 진행으로 상행하거나 하행할 때 연결화음의 역할을 합니다. 일반적으로 감3화음이 증3화음보다 더 많이 사용됩니다.

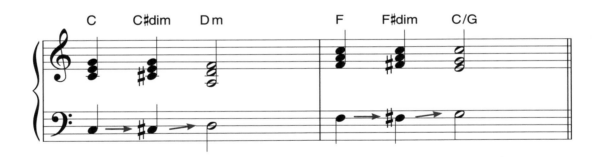

2. 베이스 라인을 흥미롭게 만들기 위해 베이스음을 반음 위 또는 아래에서 접근한 것과 같이, 감3화음은 다른 화음(주로 I과 V7) 앞에서 반음계적인 장식화음으로 접근할 수도 있습니다.

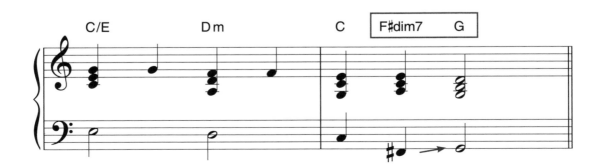

◆ 감3화음이 경과적으로 나온 부분을 찾아 네모 표시를 한 후, 그 부분을 먼저 연습해 보세요.

◆ 장식화음의 역할을 하는 곳을 찾아 동그라미를 친 후, 부분 연습을 해 보세요.

작은 별
Twinkle, Twinkle, Little Star

프랑스 민요 / 여하람 편곡

* 마디 3, 6, 8, 12의 F#dim 코드는 반감7화음(dim°7)입니다.

그대 손을 잡고
Là ci darem la mano
−오페라 〈돈 조반니〉 중에서−

W. A. Mozart

♪ 앞에서 나온 '루돌프 사슴코'에 감3화음을 추가해 연주해 보세요.

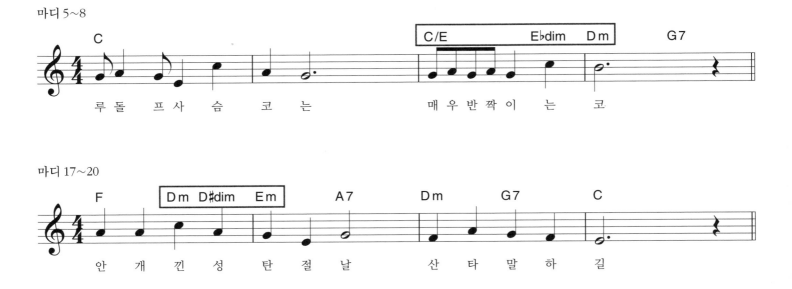

마디 5~8

루돌프사슴코는 매우반짝이는코

마디 17~20

안개낀성탄절날 산타말하길

🎵 오른손 멜로디 아래 코드 스타일

지금까지는 멜로디를 노래 부르고 양손 반주를 하거나, 오른손으로 멜로디를 치고 왼손으로 화음을 반주하는 것을 배웠습니다. 이보다 좀 더 발전된 단계는 오른손으로 멜로디와 코드를 동시에 연주하는 것입니다. 멜로디와 코드를 함께 치면 더 풍성하고 다채로운 소리를 얻을 수 있습니다.

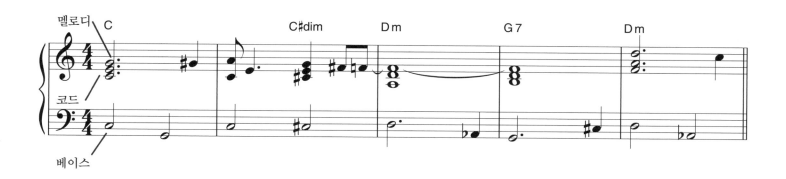

연습

다음에 제시된 악곡을 오른손 멜로디 아래 코드 스타일로 연주해 보세요. 다음과 같은 방법을 따라해 보세요.

1. 각 마디에서 멜로디의 첫 음을 5번(또는 4번) 손가락으로 연주합니다.

2. 왼손으로 코드의 베이스음을 연주하세요.

3. 오른손의 멜로디 아래로 화음을 연주하세요(화음의 위치가 이어지는 멜로디와 중복되거나 멀리 떨어졌을 때는 두 음만 눌러도 됩니다).

4. 왼손을 적당한 리듬 스타일로 바꾸세요.

사랑의 콘체르토

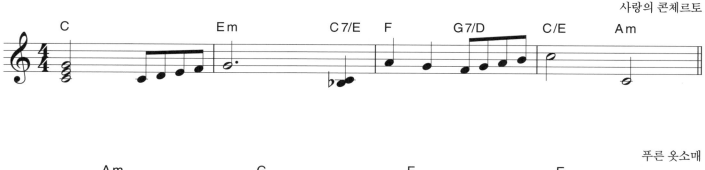

푸른 옷소매

My Way

◆ 오른손 멜로디와 코드 스타일로 반주를 해 보세요. 왼손은 반음계적 베이스 진행을 사용하세요.

날마다 더 가까이
Just a Closer Walk with Thee

F. Crosby 작사 / S. J. Vail 작곡

♪ 이 곡에 어울리는 워킹 베이스를 붙여 보세요(103쪽 참조).

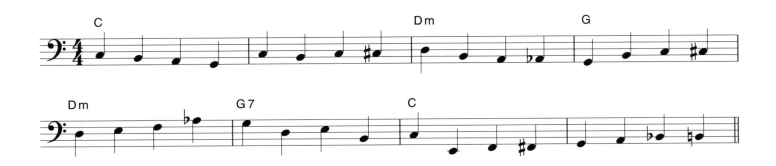

🎹 워킹 베이스 만들기

일반적으로 워킹 베이스(walking bass)는 재즈에서 베이스 주자들이 연주하는 파트입니다. 하지만 피아노 혼자 멜로디와 베이스를 모두 연주해야 할 경우, 다음과 같은 워킹 베이스 주법을 활용하면 더욱 흥미로운 음악을 만들 수 있습니다.

1. 각 마디의 첫 코드를 보세요. 대개 첫 코드의 근음을 첫 비트에 연주합니다. 두 마디에 연속으로 같은 코드(주로 으뜸화음)가 나올 때는 5음을 연주하기도 합니다.

2. 전체 멜로디 라인의 모양을 살펴보세요. 멜로디와 베이스 라인 간의 움직임에는 특별한 규칙은 없으므로 귀로 들으며 방향을 결정하세요.

3. 각 마디의 근음을 연결해 주는 2, 3, 4박의 음들은 경과음이나 반음, 코드톤으로 접근합니다.

다음은 C에서 F로, 다시 F에서 C로 가는 다양한 방법의 예시입니다.

1. C에서 순차적으로 올라가면 F에 일찍 도달하므로, F보다 한 음 위로 올라갔다 다시 내려올 수 있습니다.

2. C에서 F까지 순차적으로 내려올 수 있습니다.

3. 필요하다고 느낄 때는 큰 도약을 사용하거나 중간에 방향을 바꿀 수도 있습니다.

• 같은 화음이 두 마디 동안 지속될 때는 두 번째 마디 첫 박에서 5음을 연주하는 것이 일반적이나, 근음을 다시 연주해도 괜찮습니다.

🖋 화음 결정하여 반주하기

◆ 빈칸에 알맞은 코드를 써 넣은 후, 오른손 멜로디 아래 코드 스타일로 반주해 보세요.

마디 5~8

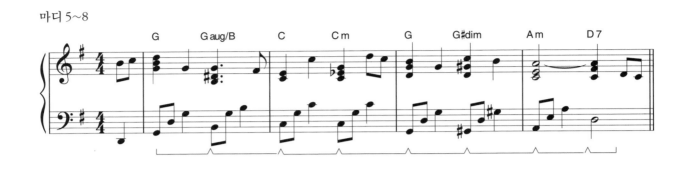

사랑의 찬가
Hymne à l'amour

M. Monnot

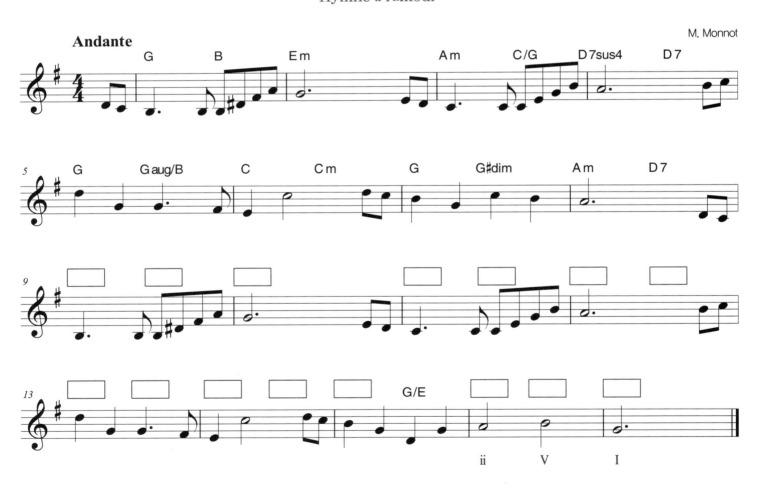

프랑스의 대표적인 샹송 가수 피아프(E. Piaf)가 뉴욕에서 공연 중이었을 때 자신을 보러 오던 연인 마르셀 세르당(M. Cerdan)이 비행기 사고로 죽자 큰 충격을 받아 직접 작사했습니다. "하늘이 무너져 버리고 땅이 꺼져 버린다 해도 그대가 날 사랑한다면 두려울 것 없으리. …… 그대만 날 사랑한다면 영원에라도 따라가리다."

◆ 이 곡에는 4마디의 하행하는 베이스 라인과 화음진행이 네 번 반복됩니다. 빈칸에 알맞은 코드를 써 넣은 후, 스윙리듬으로 반주해 보세요.

마디 1~4

샹젤리제
Aux Champs-Elysees

박홍진 역사 / P. Delanoe 작사 / M. Dieghan 작곡

♪ 오른손 멜로디와 왼손 반주패턴으로 바꾸어 연주해 보세요.

마디 1~2

8 Add2

Add2(Added 2nd chord)는 코드의 근음 위에 장2도 음을 더한 형태를 말합니다. Add2는 I, IV, V화음에서 사용되며, 세련된 색채감을 줍니다. 연주할 때는 개인의 취향에 따라 네 음을 모두 연주할 수도 있고 근음과 특징적인 음만 연주해도 좋습니다. 코드명으로 표기할 때는 코드 이름 옆에 'add2' 또는 '2'를 붙입니다(예: Cadd2, C2).

◆ 다음의 형태로 Cadd2를 쳐 본 다음, 다른 코드에서도 Add2의 자리바꿈화음을 연습해 보세요.

근음위치   첫째자리바꿈   둘째자리바꿈   셋째자리바꿈

◆ 이 곡의 I(C), IV(F)를 Add2 코드로 연주해 보세요. 자신이 좋아하는 자리바꿈을 선택하세요. 베이스음에서 근음을 누를 때는 오른손에서 생략하는 것이 깨끗하게 들립니다. Add2를 썼을 때와 안 썼을 때의 소리를 비교해 보세요.

먼저 그 나라와
Seek Ye First

K. Lafferty

♪ 제2장에서 배웠던 〈좋으신 하나님(God Is So Good)〉에 add2를 붙여 보세요.

8 Add6

Add6는 코드의 근음 위에 장6도 음을 더한 형태를 말합니다. Add6도 주로 I, IV, V화음에서 사용되며, 단조적인 색채감을 줍니다. 반주를 할 때는 근음과 특징적인 음들만 눌러 주고 나머지는 빼도 좋습니다. 다음의 Add6 화음을 자리바꿈화음으로 연습해 보세요. Add6 코드의 셋째 자리바꿈화음은 단7화음과 같으므로 잘 사용하지 않습니다.

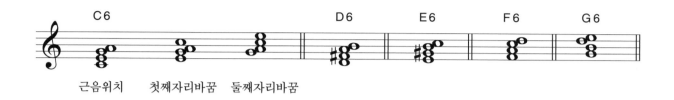

근음위치   첫째자리바꿈   둘째자리바꿈

◆ 이 곡에서는 Add6가 경과적 화음으로 사용되었습니다.

마디 1~4

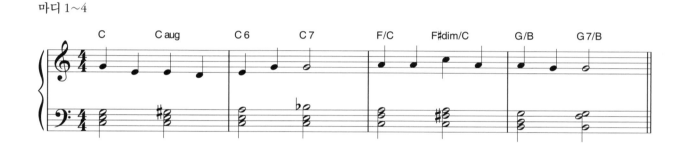

예수 사랑하심
Jesus Loves Me

W. B. Bradbury

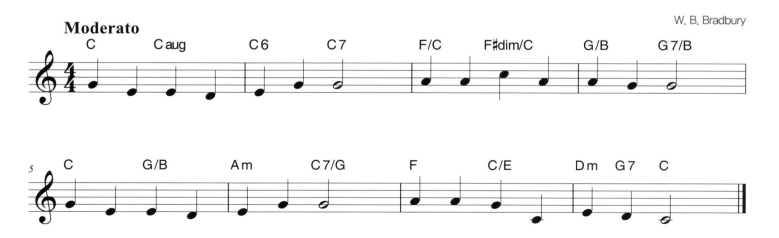

산왕의 궁전에서
In the Hall of the Mountain King
−〈페르귄트 조곡 1번〉 중에서−

E. Grieg 작곡 / 유은석 편곡

* Alla marcia e molto marcato: 행진곡 풍으로, 음 하나하나를 또렷하게 강조해서 연주하라는 뜻

* sempre staccato: 항상 짧게 끊어서

* 파트 1은 한 옥타브 위의 음을, 파트 3은 한 옥타브 아래의 음을 더하여 양손으로 연주하세요.

제6장

전주와 후주를 넣어 다양한 리듬으로 반주하기

🎹 전주 만들기

전주(intro)는 악곡의 분위기를 조성하고, 노래 부르는 사람으로 하여금 템포와 첫 음을 잘 잡을 수 있도록 도와주어 편안하게 노래를 시작할 수 있게 합니다. 전주를 만드는 몇 가지 방법을 배워 봅시다.

1. 가장 쉬운 방법은 곡의 처음 두 마디와 마지막 두 마디를 연결해서 연주하는 것입니다. 전주의 마침 부분에서 으뜸화음(Ⅰ) 다음에 딸림화음(Ⅴ, Ⅴ7)을 치면, 자연스러운 시작 사인이 됩니다.

위풍당당 행진곡

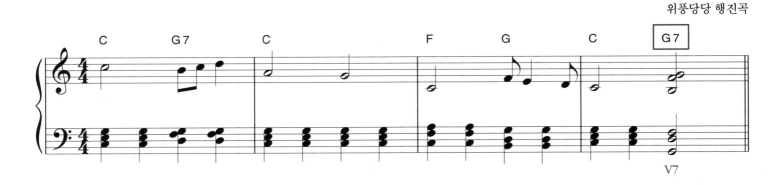

2. 조성의 딸림7화음(Ⅴ7)을 아르페지오로 연주해도 좋습니다.

생일 축하 노래

3. 주제 속의 프레이즈나 특징적인 모티브를 사용할 수 있습니다.

섬집 아기

4. 곡의 특징적인 화음진행과 리듬 스타일을 사용할 수도 있습니다.

뚱보새

···: **Tip!** 전주에 활용하기 좋은 몇 가지 코드 진행을 알아 두면 유용합니다.

- I–vi–ii–V7
- I–vii°/ii–ii–V7

5. 곡의 마침 부분에서 딸림음 베이스 위에 버금딸림화음(IV/V)을 사용할 수 있습니다.

Amazing Grace

···: **Tip!** IV/V를 쉽게 찾는 방법은, 양손을 모두 으뜸음에 두고 오른손은 완전 5도 아래로 내려와 IV화음을 치고, 왼손은 완전 5도 위로 올라와서 딸림음(V)을 치는 것입니다. IV/V는 V7으로 해결될 수도 있습니다.

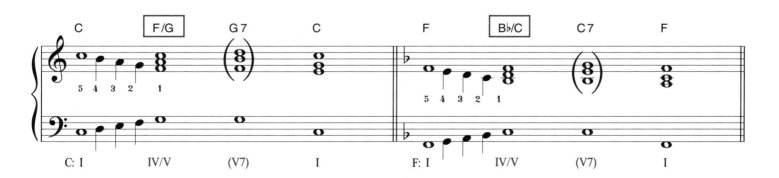

◆ F장조의 IV/V를 활용한 전주입니다.

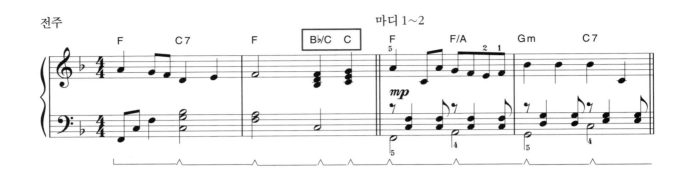

사랑의 인사
Salut d'amour

E. Elgar

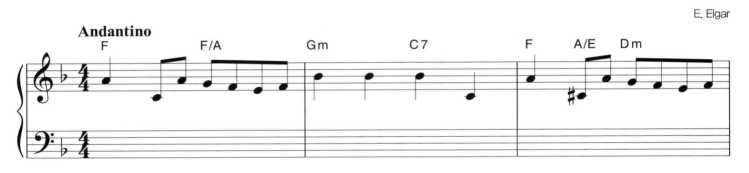

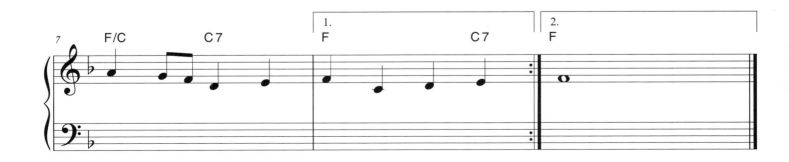

◆ 빈칸에 G장조의 IV/V 코드를 써 넣은 후, 전주를 붙여 연주해 보세요.

서른 즈음에

강승원 작사 · 작곡

또 하—

— 루 멀 어 져 간 다   내 뿜 은 담 배 연 기 처   럼

작 기 만 한   내 기 억 속 에   무 얼—채 워 살 고— 있 는 지   점

점 더 멀 어 져 간 다   머 물 러 있 는 청 춘 인— 줄   알 았 는 데

비 어 가 는   내 가 슴 속 엔   더 아 무—것 도—찾 을—수 없 네

* 슬래시 코드(slash chord, 분수코드)에서 분자코드 없이 분모만 나올 때는 이전 화음을 유지하면서 베이스음만 바꾸라는 뜻
  입니다(예: Em /D → 오른손으로 Em 화음을 계속 치면서 베이스음만 D를 연주).

🎹 후주 만들기

전주를 할 때 주로 딸림7화음(V7)을 사용했다면, 후주(ending)를 할 때는 버금딸림화음(IV)을 많이 사용합니다. IV 대신 같은 으뜸음 단조의 iv를 쓸 수도 있습니다.

1. Sus4 엔딩

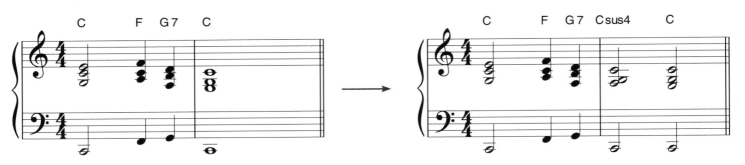

2. 아멘 엔딩(IV-I)

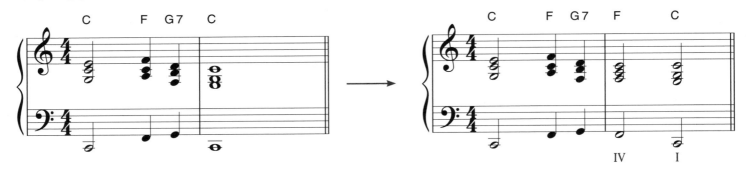

3. 하행 엔딩(IV 또는 iv-I)

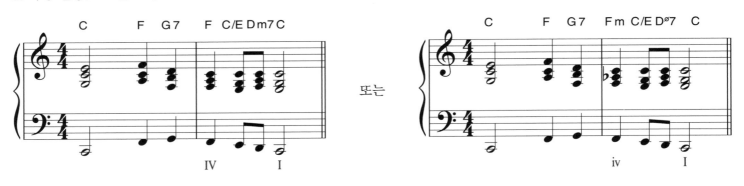

4. 아르페지오 엔딩

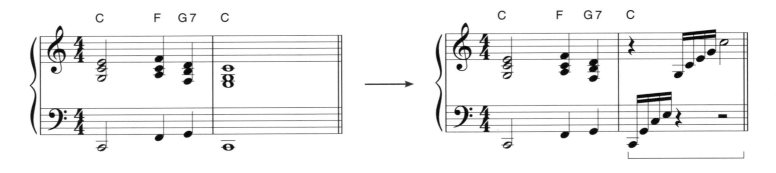

* 〈사랑의 인사〉에 적당한 후주를 붙여 보세요.

◆ 이 곡의 후주에는 IV-(iv)-I 가 사용됩니다. 전주와 후주를 넣어 연주해 보세요.

나비 왈츠
Butterfly Waltz

B. Crain

모달 인터체인지

같은 으뜸음을 쓰는 병행 장·단조는 서로 코드를 바꾸어 쓸 수 있습니다. 이렇게 다이어토닉 코드 외의 다른 조성 또는 선법에서 만들어지는 코드를 사용하는 것을 모달 인터체인지(modal interchange)라고 합니다. 이것은 대조적인 음계에서 오는 다양한 음색을 얻기 위해 사용됩니다.

◆ 이 곡에서는 C단조의 iv와 v를 빌려오는 모달 인터체인지가 사용됩니다(마디 26, 2, 후주). 음색이 어떻게 변화되는지 잘 들어 보세요. 아르페지오와 왈츠형 반주를 섞어서 전주를 포함한 반주를 붙여 보세요.

에델바이스
Edelweiss
−영화 〈The Sound of Music〉 중에서−

O. Hammerstein 작사 / R. Rodgers 작곡

🌊 칼립소 리듬

칼립소(Calypso)는 서인도 제도의 트리니다드에서 발생한 민속음악 또는 리듬을 말합니다. 원래는 아프리카에서 온 흑인 노예들이 불렀던 노동요의 일종이었으나, 지금은 미국을 비롯해 전 세계에 널리 알려졌습니다. 칼립소는 8비트 리듬이지만 4~5번째 박이 붙임줄로 연결되어 리듬의 변화를 주는 것이 특징입니다.

◆ 다음은 칼립소 기본리듬입니다. 한 손씩 따로 리듬치기를 해 본 후, 양손으로 리듬치기를 하세요.

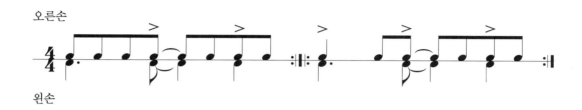

연습

칼립소 리듬에는 여러 가지 변형 형태가 있습니다. 먼저 피아노 뚜껑 위에서 양손으로 리듬치기를 충분히 한 다음 연주해 보세요.

🎵 G장조와 F장조로 조옮김해 보세요.

◆ 오른손을 아르페지오 화음으로 연주하는 칼립소 리듬반주입니다. 화음의 구성음을 자유롭게 펼쳐서 연주해 보세요.

전주

말라이카
Malaika

케냐 민요

'말라이카'는 '나의 천사'라는 뜻을 지닌 언어로 연인을 가리킵니다. 동부 아프리카에 널리 알려져 있는 이 노래는 결혼 지참금이 없는 가난한 청년의 이루지 못한 사랑 이야기를 담고 있습니다.

마디 1~4

잊을께

윤도현 작사 / 윤일상 작곡

아 침에 눈 - 을떴-을때너 -를- 길 을걷 다 - 멍하- 니너

-를- - - - 지 금은 내 - 곁에-없는너 -를- 그리워하네

- 바 보 처럼 - - 널 잊어야 해 - - - -

힘 - 들어 -도- 널 지워야 해 - - - - 기 - 억 속

-에서 - - - 네가 떠 -난 후-에-난 - 죽을것 같

-이 아 파 도 - 다시는 너 -를 찾 -지않아 - - - -

전주

마디 1~4

새들처럼

지근식 작사 · 작곡

열린 공 간 속 을 — 가 르 며 — 달 려 가 는
자 동 차 와 — 석 양 — 에 비 추 — 인 사 람
들 어 둠 — 은 내 려 — 와 도 시 를
감 싸 — 고 나 는 — 노 래 하 네 —

화음 결정하여 반주하기

빈칸에 알맞은 코드를 써 넣은 후, 칼립소 리듬으로 전주를 포함한 반주를 붙여 보세요.

넌 할 수 있어라고 말해주세요

곽진영 작사 / 강수현 작곡

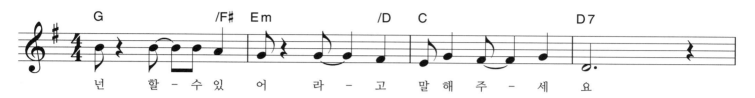

넌 할-수있 어 라 -고 말해주-세 요

그럼 우-리는 무엇이-든 할수있-지 요

짜 증 나 고 - 힘 들 어 도 - 신 나게할-수있 는

꿈 이 크 고 마 음 이자-라는 따뜻 한-말넌 할 수있어-

큰 꿈-이열 리 는 - 나 무 가 될-래 요

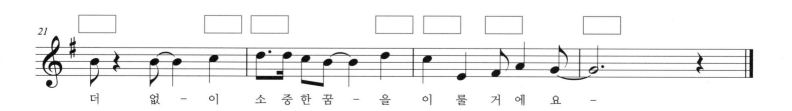

더 없-이 소 중 한꿈-을 이 룰 거 에 요 -

121

앙상블

1. 멜로디(파트 1)와 양손 반주(파트 2, 3)로 연주하거나, 각각 세 파트로 나누어 연주할 수도 있습니다.

2. 처음에는 멜로디(파트 1) 없이 파트 2와 3이 먼저 마디 1~16을 연주한 후, 다시 되돌아가 모든 파트가 함께 연주합니다.

리베르탱고
Libertango

A. Piazzolla 작곡 / 유은석 편곡

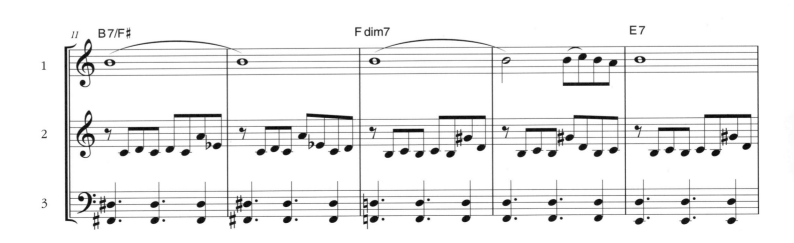

123

🎵 국악 장단

장단은 국악을 다른 음악과 차별화하는 가장 중요한 요소입니다. 기본 장단에는 세마치, 중모리, 자진모리, 타령, 굿거리 등이 있습니다.

세마치 장단

민요와 판소리, 농악에서 사용하는 장단으로, 3소박(小拍: 겉으로 드러나는 큰 박 안에 내재되어 있는 작은 박) 3박자의 장단입니다. 일반적으로 전통장단은 각각의 독특한 강세 주기가 있는데, 세마치는 강세의 주기가 1장단 단위로 이루어지지 않고 네 번 반복되어야 한 번의 주기가 만들어집니다. 세마치는 거의 모든 종류의 아리랑에 사용됩니다.

자진모리 장단

산조, 판소리, 무악, 농악 등 민속음악에 사용되는 3소박 4박자의 빠른 장단입니다. 빠르기에 따라서 느진자진모리(느린자진모리), 평자진모리, 자진자진모리로 세분되기도 합니다. 장단의 기본 가락은 단순하지만, 선율 흐름에 따라 다양한 변주 가락이 가능합니다.

굿거리 장단

굿 음악에서 사용되어 '굿거리' 장단으로 불리게 되었고, 현재는 민속음악 전반에 걸쳐 광범위하게 사용되는 장단입니다. 3소박 4박자를 한 주기로 합니다.

◆ 악곡의 마지막 부분과 특징적인 리듬을 사용한 전주입니다.

밀양 아리랑

경상도 민요

날좀 보—소   날좀 보—소   날 좀——보——소   ————
정든 님——이   오셨 는——데   인 사를—못——해   ————

동지 섣 달——   꽃본 듯 이——   날 좀——보——소   ——
행주 치 마——   입에 물 고——   입 만——방——긋

아 리아 리랑   쓰 리쓰 리랑   아라 리—가 났——네   ————

아 리랑——고 개 로——날 넘—겨주——소   ———

전주

마디 1~2

천안 삼거리

충청도 민요

굿거리 장단

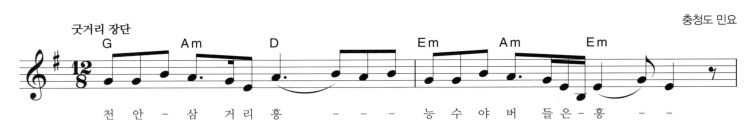

천 안 - 삼 거 리 흥 - - - - 능 수 야 버 들 은 - 흥 - - -

제 멋 에 겨 - 워 서 - - - - 휘 늘 어 졌 구 나 흥 -

에 루 - 화 에 루 - 화 흥 - - - 성 화 가 났 구 나 - 흥 - -

〈천안 삼거리〉는 곡명 때문에 충청도 민요로 분류되기도 하지만, 경기 음악의 특징이 강하면서 경기 지역 명창들에 의해 전승되고 있어 경기민요로 분류되는 것이 일반적입니다. 이 곡은 전통 시대 대표적인 유랑 예인 집단이었던 사당패의 소리에서 비롯된 것으로 보입니다.

전주

마디 1~2

경복궁 타령

경기도 민요

〈경복궁 타령〉은 전형적인 경기도 민요로 대원군이 경복궁을 중수할 무렵에 생긴 민요로 알려져 있습니다. 5음계로 구성된 선율은 매우 구성지고
활기가 넘칩니다.

화음

장7화음, 세컨더리 도미넌트, 단7화음, 감7화음, 반감7화음, V7(♭9)

리듬 스타일

슬로우 고고, 보사노바, 아르페지오 발라드, 컴핑

기타

양손 코드 보이싱, 리하모니제이션, 즉흥연주, 전조

제2부

응용반주 심화

제7장

장7화음을 사용한 반주

8 다이어토닉 7화음

다이어토닉 7화음(diatonic 7th chords)은 3화음에 다시 근음으로부터 7도 음을 더하여 만들어집니다. 다양한 조합의 7화음은 불안정하여 제한적으로 사용해야 하지만, 변화와 긴장감을 주는 데 효과적이므로 적절히 사용하면 개성 있는 소리를 얻을 수 있습니다. 화음진행 시 7화음은 동일한 근음의 3화음과 같은 기능으로 사용할 수 있습니다.

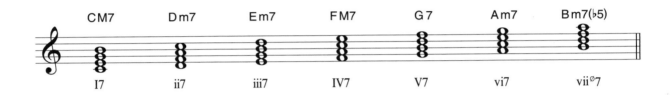

8 장7화음

장7화음(major 7th chords)은 장3화음에 근음으로부터 장7도를 더한 화음으로, 장음계의 1, 3, 5, 7음으로 구성되어 있습니다. 장7도는 옥타브에서 반음을 내려 찾을 수 있습니다. 코드명은 근음의 알파벳 옆에 'M7' 또는 'maj7'을 붙입니다.

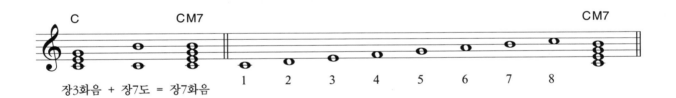

연습

1. 장음계와 장7화음을 4도권으로 연습해 보세요. 음계를 치는 손가락 번호는 흰건반에서 시작할 경우 1-2-3-1-2-3-4-5를 사용합니다(예외: F장조 1-2-3-4-1-2-3). 검은건반에서 시작할 경우에는 2번 손가락에서 시작하여 처음 오는 흰건반을 1번 손가락으로 연주합니다.

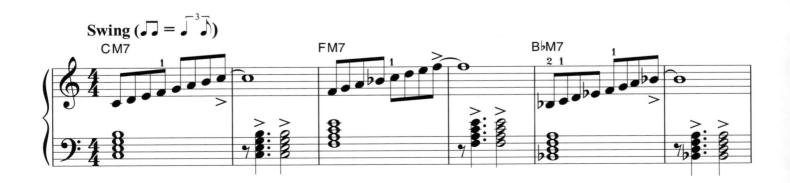

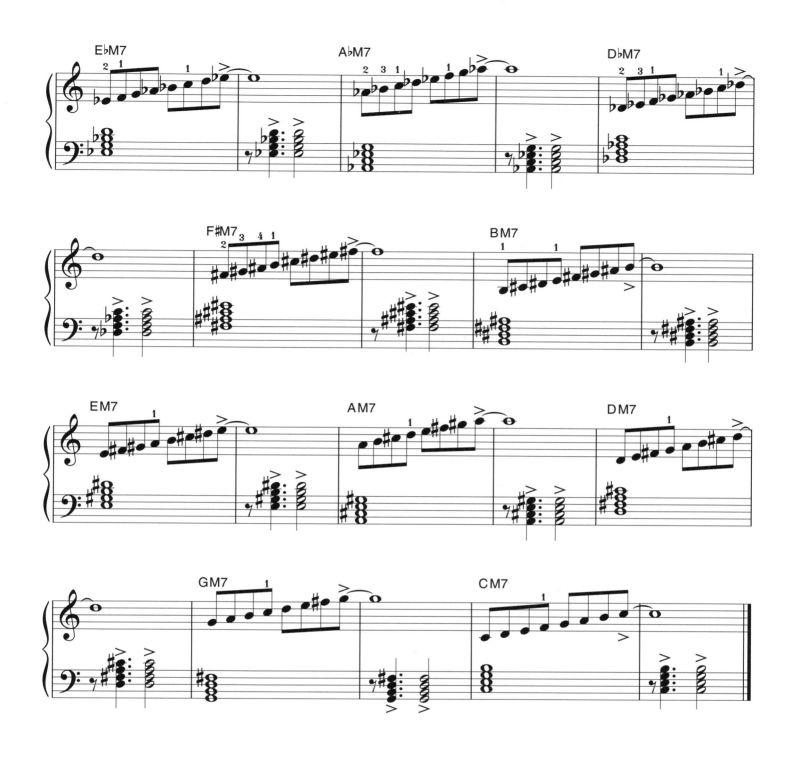

2. 12조성의 장음계와 장7화음을 반음씩 올라가며 연습해 보세요.

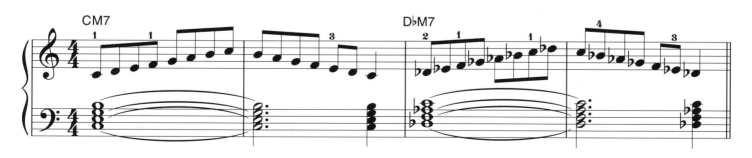

DM7, EbM7, EM7, FM7, GbM7(F#M7), GM7, AbM7, AM7, BbM7, BM7으로 계속

◆ 장7화음으로 반주를 붙여 보세요. 장3화음과 어떻게 소리가 다른가요?

소풍
Picnic

이혜선

🖋 화음 결정하여 반주하기

◆ 이 곡의 프레이즈는 버금딸림화음(CM7)으로 시작하여 으뜸화음(GM7)으로 끝납니다. 빈칸에 알맞은 장7화음을 써넣은 후, 왈츠형 반주를 붙여 보세요.

꽃날
황진이 OST

서웅석

<꽃날>은 2006년 KBS 드라마 <황진이>의 OST로, 드라마 못지않게 큰 인기를 얻어 앨범으로 발매되었습니다. 하늘거리는 고음의 선율이 마치 가벼운 발걸음으로 꽃길을 걸어가는 주인공을 연상시키는 듯합니다.

◆ 장조 다이어토닉 코드 중 장7화음은 I7과 IV7입니다. 빈칸에 알맞은 장7화음을 써 넣은 후, 오른손 멜로디와 코드 스타일로 반주를 붙여 보세요. 악곡의 시작과 종지에서는 I7을 잘 사용하지 않습니다.

그대와 함께 떠나리
Time to Say Goodbye

L. Quarantotto 작사 / F. Sartori 작곡

《그대와 함께 떠나리(Con te partirò)》는 이탈리아 클래식 크로스오버 곡으로, 안드레아 보첼리(A. Bocelli)가 처음 불러 유명해졌습니다. 이후 영어로 번안되어 'Time to Say Goodbye'라는 앨범명으로 발매되었습니다.

당신을 사랑해요
Je Te Veux

E. Satie

여류 화가이자 모델이었던 수잔 발라동(S. Valadon)을 만나 사랑에 빠진 사티(E. Satie)가 지은 곡으로, 열렬히 사랑에 빠진 연인의 마음을 노래하고 있습니다.

8 양손 코드 보이싱

코드의 구성음을 양손으로 나누어 치면 풍부한 화성의 울림을 얻을 수 있습니다. 이것은 느린 발라드 스타일의 악곡에 특히 더 어울립니다.

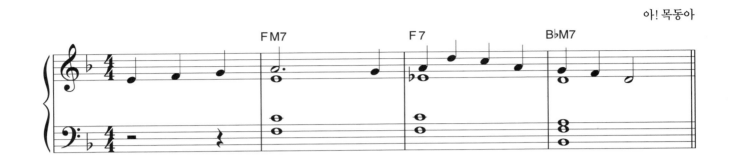

양손 코드 보이싱(chord voicing)을 하기 위해 다음의 단계를 따라해 보세요.

1. 오른손은 멜로디 음을, 왼손으로는 근음을 누릅니다.

2. 오른손에 3음을 추가하고, 왼손에는 5음을 추가합니다.

3. 7화음이나 add6일 경우에는 7음 또는 6음을 추가합니다.

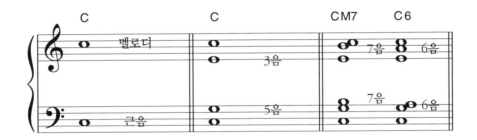

연습

1. 4도권으로 이동하는 장7화음의 양손 코드 보이싱을 연습해 보세요.

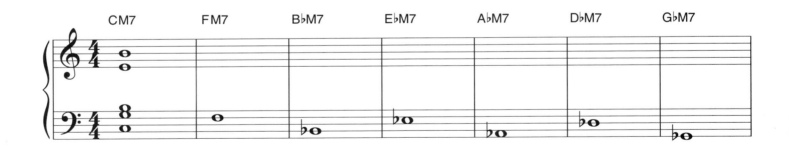

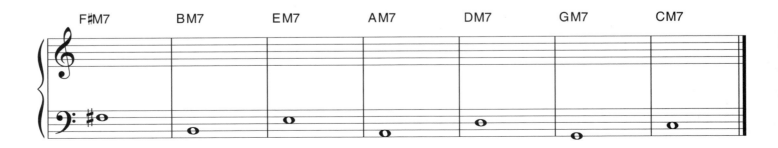

2. 주어진 멜로디 음 아래로 제시된 코드의 구성음을 양손으로 보이싱하여 연주해 보세요.

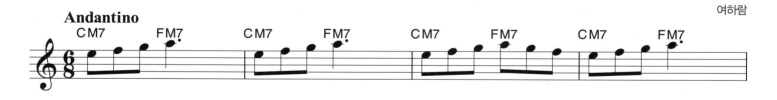

◆ 양손 코드 보이싱으로 연주해 보세요.

떨어지는 꽃잎

여하람

◆ 양손 코드 보이싱으로 연주해 보세요. 반복할 때는 제시된 리듬과 화음을 참고하여 반주형태를 자유롭게 바꾸어 보세요.

내가 좋아하는 것
-영화 〈Sound of Music〉 중에서-

R. Rodgers

◆ 빈 마디에 알맞은 화음 반주를 채워 연주해 보세요. 반주가 어려우면 왼손의 리듬패턴을 두 배로 늘려(♩ ♩ ♩) 한마디에
한 번씩만 연주해도 좋습니다.

공원에서

유희열

제8장

세컨더리 도미넌트를 사용한 반주

8 세컨더리 도미넌트

딸림7화음은 주로 음계의 딸림음(V)에서 만들어지며 그 조의 으뜸화음(I)으로 해결됩니다. 하지만 다이어토닉 음계의 각 화음을 I로 생각했을 때, 각 화성 앞에 그 화음의 V7이 올 수 있습니다. 딸림7화음이 음계의 으뜸화음이 아닌 다른 화음(II, III, IV, V, VI)의 V7으로 사용될 경우, 이를 '세컨더리 도미넌트(secondary dominant)' 또는 '부속7화음'이라고 합니다. 세컨더리 도미넌트의 화음기호는 'V7/○'로 표기하며, ○에는 다음으로 진행되는 화음의 기호를 씁니다(VII의 V7은 근음이 온음계 밖에 있으므로 사용하지 않습니다).

다음은 장음계의 3화음과 각 화음에 따른 세컨더리 도미넌트입니다.

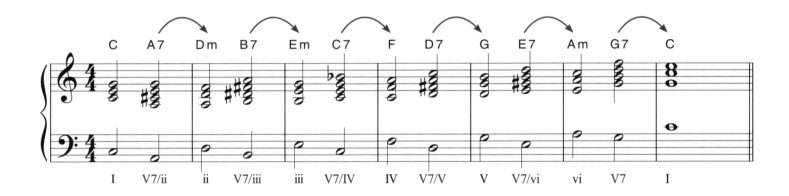

* 단조에서도 세컨더리 도미넌트는 같습니다.

연습

공통음을 유지하며 이동하는 4도권의 딸림7화음을 연습해 보세요. 각각의 코드는 다음 코드의 세컨더리 도미넌트가 됩니다.

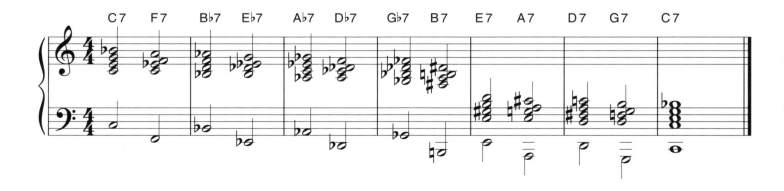

세컨더리 도미넌트는 화음의 진행력을 강화시켜 줍니다.

〈예시: V7/IV〉

아! 목동아

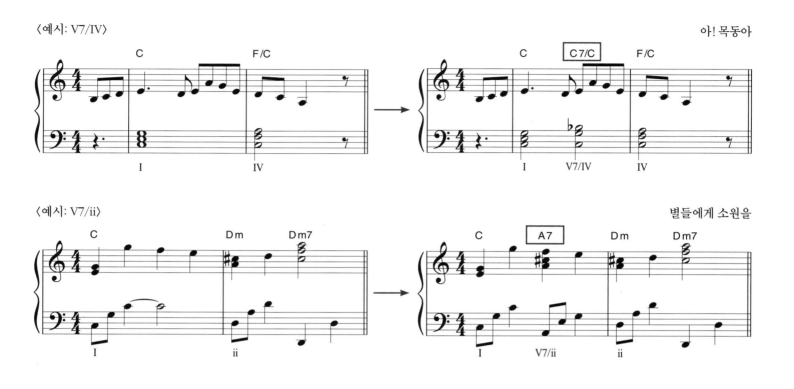

목표로 하는 코드의 세컨더리 도미넌트를 찾으려면 목표 코드로부터 완전5도 위의 딸림7화음을 찾으면 됩니다.

〈예시: V7/ii〉

별들에게 소원을

♪ 빈칸에 알맞은 부속7화음의 코드명을 써 넣은 후, 위의 형태로 연주해 보세요.

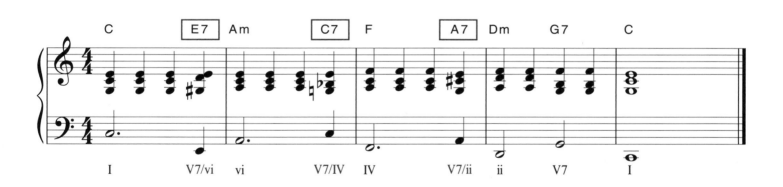

C장조	C	( )	F	( )	G	G7	C
	I	V7/IV	IV	V7/V	V	V7	I

F장조	F	( )	Dm	( )	Bb	Bbm	F
	I	V7/vi	vi	V7/IV	IV	iv	I

◆ 세컨더리 도미넌트를 사용하는 여러 가지 방법을 〈작은 별〉의 첫 4마디 예시를 통해 살펴봅시다. 화음의 변화에 따른 다양한 분위기를 느껴 보세요.

〈기본 코드 진행〉

1. 기본 코드 진행 위에 앞에 올 코드의 딸림7화음을 더하여 연주합니다.

2. 더 강한 진행감을 주기 위하여 연속적인 딸림7화음을 사용할 수도 있습니다(3마디의 첫 박은 화성음을 만들기 위해 A+7으로 대체, 시작 화음이 목표 화음인 C로부터 6도 위이므로 숫자를 표기). 나머지 기본 코드에도 7화음을 사용하면 더 풍성한 소리가 납니다.

3. 기본 코드의 대리화음을 썼을 경우, 대리화음의 세컨더리 도미넌트를 사용하면 더 다채로운 화음 진행을 할 수 있습니다.

익스텐디드 도미넌트

딸림화음(V, V7)이 세 번 이상 연속으로 나오는 것을 '익스텐디드 도미넌트(extended dominants)'라고 부릅니다. 연속된 V7의 진행은 강한 방향성과 해결감을 느끼게 해 줍니다. 분석할 때는 마지막 V7과 목표화음만 로마숫자로 표기하고, 나머지는 화살표로 표시해도 좋습니다.

◆ 이 곡의 마디 17∼22에서는 F장조로 진행하는 익스텐디드 도미넌트가 나옵니다. 왈츠형 반주를 붙여 보세요.

마디 17∼22

파리를 떠나서
−오페라 〈La Traviata〉 중에서−

G. Verdi

〈라 트라비아타〉 3막에서 외국에 있던 알프레도(Alfredo)가 병든 비올레타(Violetta) 앞에 나타나서 같이 파리를 떠나자며 부르는 2중창입니다. 비올레타도 그러자고 했지만, 이 노래를 부르고서 바로 죽게 됩니다.

♬ 슬로우 고고

슬로우 고고(slow go-go)는 기본적인 4박자의 반주 형태로 2번째와 4번째 박(back beat)에 악센트가 옵니다. 마디 안에 주로 나오는 음표에 따라 8비트와 16비트로 나누어집니다. 실제 연주에서는 기본 리듬만으로는 너무 단순하기 때문에 여러 변형 리듬이 사용됩니다. 슬로우 고고는 느리고 템포의 서정적인 곡에 어울립니다. 고고(go-go)는 같은 리듬 형태를 취하지만, 빠르고 명랑하게 2/2박자의 느낌으로 연주합니다.

〈슬로우 고고 리듬 패턴〉

〈슬로우 고고 아르페지오 패턴〉

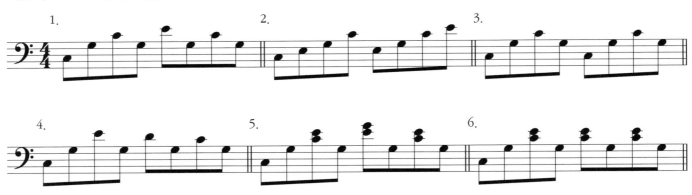

양손 반주에서는 왼손과 오른손 리듬이 서로 밀접하게 연결되어 연주합니다(〈사랑으로〉의 반주 예시).

◆ 이 곡에 사용된 세컨더리 도미넌트를 찾아 화음기호를 적어 보세요. 먼저 모음화음으로 쳐 본 후, 슬로우 고고 리듬으로 연주하세요.

사랑으로

이주호 작사 · 작곡

♪ 제1장에 나오는 〈연가〉를 빠른 고고 리듬으로 연주해 보세요.

◆ 이 곡에 사용된 세컨더리 도미넌트를 찾아 화음기호를 적어 보세요.

마디 1~4

아! 목동아
Danny Boy

아일랜드 민요

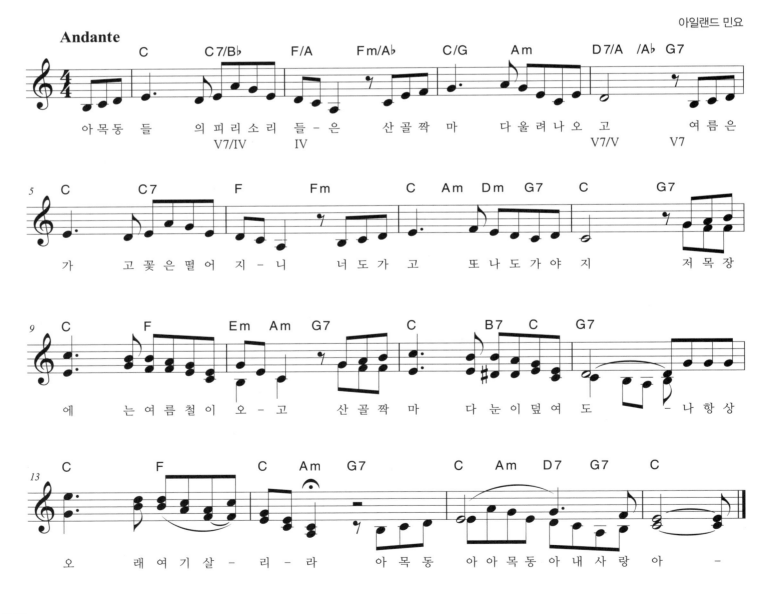

◆ 이 곡에 사용된 세컨더리 도미넌트를 모두 찾아 화음기호를 적어 보세요.

마디 1~4

터

힘차고 경쾌하게

한돌 작사 · 작곡

저 산맥은 말 도 없이 오 - 천 년을 살 았 네
한 라 산에 올 라 서서 백 두 산을바 라 보 며

모 진 바람 - 을 다 이 기 고 이 터를지 - 켜 왔 네
머 나 먼 고 향을생 각 하 니 가 슴 이 뭉 클 하 구

나 자 유 와 평 화 는 우 리 모 두 의 손 으

로 역 사 의 숨 소 리 그 날 은 오 리

라 그 날 이 오 면 은 모 두 기 - 뻐 하 리

라 우 리 의 - 숨 소 리 로 이 터 를 지 켜 나 가 자

149

화음 결정하여 반주하기

◆ 빈칸에 알맞은 딸림7화음을 써 넣은 후, 어울리는 리듬 스타일로 반주를 붙여 보세요.

할아버지의 시계
Grandfather's Clock

H. C. Work

학교 종

M. Kim

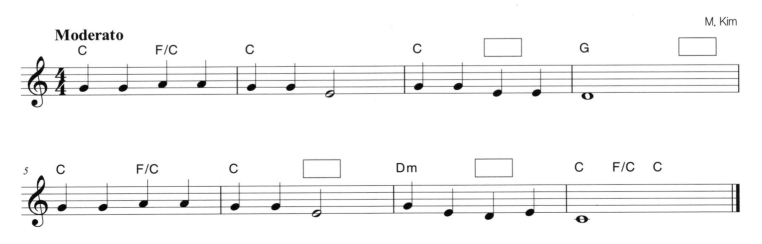

150

◆ 〈Sunrise, Sunset〉은 Gm(마디 1~8)−Cm(마디 9~16)−Gm(마디 17~끝)로 조바꿈을 합니다. 딸림7화음은 조옮김을 할 때에도 중요하게 사용됩니다.

Sunrise, Sunset
−뮤지컬 〈지붕 위의 바이올린〉 중에서−

J. Bock

🎹 전조하기

전조(modulation, 조바꿈)란 음악이 진행되다가 한 조성에서 다른 조성으로 바뀌는 것을 말합니다. 이것은 같은 조성의 단조로움을 피하고 음악의 다양성을 표현하기 위해 꼭 필요한 기술입니다. 전조를 하려면 원조와 새로운 조를 자연스럽게 연결시켜 줄 수 있는 화음진행을 사용해야 합니다. 가장 쉬운 방법은 원조의 마침 후에 새로운 조의 V7를 연주하는 것입니다. 좀 더 원활하고 풍성한 연결을 원한다면 전주를 할 때 배웠던 IV/V–V7를 활용할 수 있습니다. 다음과 같은 순서로 전조를 해 보세요.

1. 목표로 하는 조의 조성을 확인합니다.
2. 바뀔 조의 V7을 찾습니다.
3. 바뀔 조의 IV/V–V7을 연주합니다.
4. 전조코드를 칠 때, 공통음을 유지하고 베이스 또는 화음의 구성음이 순차적으로 움직이도록 하면 자연스럽게 조바꿈을 할 수 있습니다.

다음은 C장조에서 위로 반음~장3도, 아래로 단2도와 장2도로 전조하는 예시입니다.

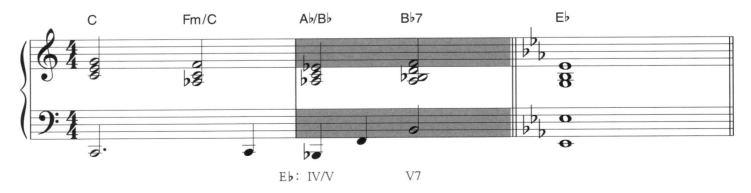

152

IV/V와 동일한 계열의 화음들

전주와 전조를 할 때 자주 사용되는 IV/V는 사실은 텐션 코드인 V11입니다. 그러나 11화음은 코드 기호에 자주 등장하지 않습니다. 그 이유는 11도와 동일한 음을 가진 'sus4' 계열의 코드(Vsus4, V7sus4, IV/V, IV7/V, iim7sus4)가 주로 사용되기 때문입니다. 따라서 전조를 할 때 IV/V 대신 동일한 계열의 코드를 사용할 수 있습니다. 4도(또는 11도)는 3도로 해결될 수도 있고, 해결 없이 다음 화음으로 바로 진행할 수도 있습니다.

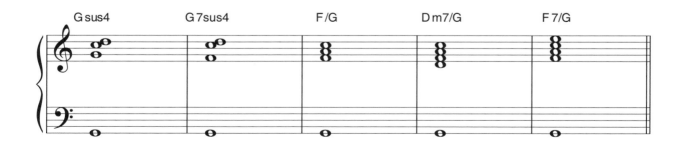

♪ 제2장에 나오는 〈나 같은 죄인 살리신〉을 G장조에서 연주한 후, 다른 조성으로 전조해 보세요(Ab, Bb, B, C, F).

◆ 〈한때는 꿈에〉를 1절은 G장조로, 2절은 A장조로 전조하여 연주해 보세요.

1. 악곡의 끝에서 바로 조옮김을 할 때는 3, 4박에서 IV/V-V를 연주합니다.

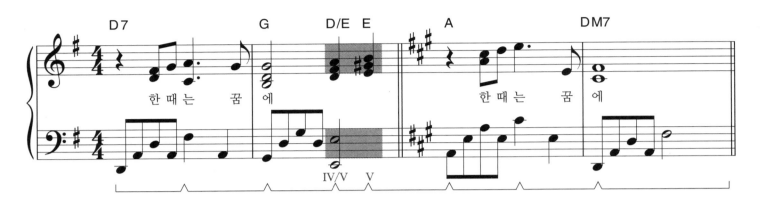

2. 악곡의 끝에서 여유를 두고 조옮김을 할 때는 마지막 마디를 마치고 IV/V-V를 연주합니다.

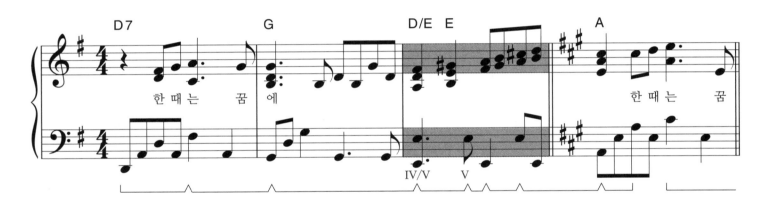

한때는 꿈에

Once upon a Dream

−뮤지컬 〈지킬 앤드 하이드〉 중에서−

L. Bricusse 작사 / F. Wildhorn 작곡

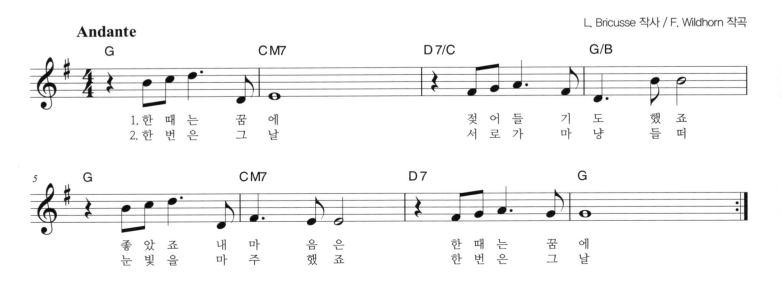

◆ 이 곡은 F장조에서 연주하다가 달 세뇨(Dal Segno)에서 세뇨(Segno)로 돌아갈 때는 G장조로 전조를 합니다. 마디 26~27에
전조코드를 써 넣은 후 조옮김해 보세요.

I Dreamed a Dream
-뮤지컬 〈레 미제라블〉 중에서-

A. Boubil 작사 / C. M. Schoenberg 작곡

8 V7의 텐션 코드

'텐션(tension)'이라는 용어는 영어로 확장을 의미하는 'extensions'의 줄임말입니다. 7화음에서 계속해서 3도씩 쌓으면 9, 11, 13화음이 만들어집니다. 이들은 각각 근음으로부터 9도(장2도), 11도(완전4도), 13도(장6도)의 음을 가지고 있어 묘한 긴장감을 주므로 '텐션 음(tension notes)'이라고 부릅니다. 그렇다면 add 코드와 텐션 코드는 어떻게 다를까요? add 코드는 3화음에 제시된 숫자의 음만이 첨가된 것이지만, 텐션 코드는 7음 위에 제시된 숫자만큼 3도씩 쌓여진 코드를 의미합니다.

믹소리디안 음계를 계속해서 올라가면 V7의 텐션 음들을 찾을 수 있습니다.

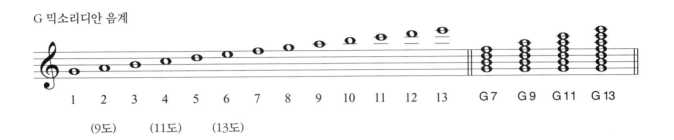

V9 코드

V9은 V7과 동일한 기능을 갖습니다. 기본 V9에 변화된 텐션 음(♭9, #9)을 사용하면 더 이색적인 음색을 얻을 수 있습니다. 변화된 9화음(altered 9ths)을 표기할 때는 화음기호를 다시 7화음으로 쓰고 ♭9 또는 #9을 붙입니다. '-9'나 '+9'을 쓰는 경우도 있습니다.

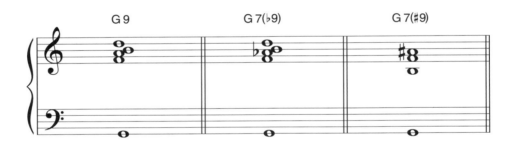

연습

4도권으로 진행하는 V7(♭9)의 오른손 보이싱을 연습해 보세요. V7(♭9)을 건반에서 쉽게 찾는 방법은 왼손으로 근음을 치고 오른손으로는 나머지 화음의 구성음으로 시작하는 감7화음(감3화음+단3도)으로 연주하는 것입니다. 9화음에서는 5음을 빼고 연주할 수 있습니다.

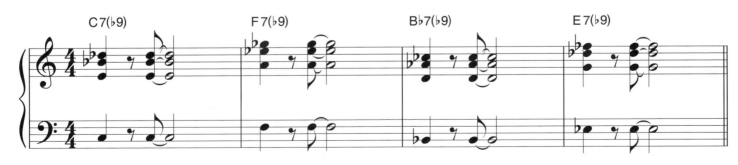

Ab, Db, Gb(F#), B, E, A, D, G로 계속

♪ 이 장(제8장)에서 나왔던 곡의 V7 자리에 V7(♭9)이 어울리는 곳을 찾아 넣어 보세요. 어떻게 음색이 바뀌나요?

156

오랜 날 오랜 밤

이찬혁 작사 · 작곡

157

제9장

단7화음을 사용한 반주

8 단7화음

단7화음(minor 7th chords)은 단3화음에 근음으로부터 단7도를 더한 화음으로, 도리안 음계(자연단음계의 6음을 반음 올린 음계와 동일)의 1, 3, 5, 7음으로 구성되어 있습니다. 단7도는 음계의 으뜸음에서 온음을 내려 쉽게 찾을 수 있습니다. 코드명은 근음의 알파벳 옆에 'm7'을 붙입니다.

연습

1. 지금까지 배운 7화음을 4도권으로 연습해 보세요(키보드에 내장되어 있는 리듬비트와 함께 연습해도 좋습니다).

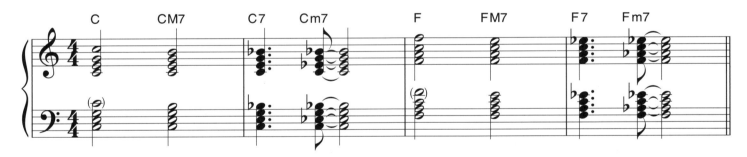

Bb – M7 – 7 – m7 | Eb – M7 – 7 – m7 | Ab – M7 – 7 – m7 | Db – M7 – 7 – m7 | Gb(F#) – M7 – 7 – m7 |

B – M7 – 7 – m7 | E – M7 – 7 – m7 | A – M7 – 7 – m7 | D – M7 – 7 – m7 | G – M7 – 7 – m7 | C – M7 – 7 – m7 ‖

2. 4도권으로 이동하는 단7화음의 양손 보이싱을 연습해 보세요.

Gbm7(F#m7), Bm7, Em7, Am7, Dm7, Gm7, Cm7로 계속

◆ 양손 보이싱으로 반주해 보세요.

푸른 옷소매
Greensleeves

영국 민요

◆ 낭만적인 벚꽃놀이의 정경을 묘사하는 이 곡은 2012년에 발표되어 매년 봄이 되면 방송에서 들을 수 있습니다. 같은 화음 진행이 곡 전체에 걸쳐 반복되며 통일감을 줍니다. 경쾌한 스윙 리듬으로 반주하며 노래해 보세요.

벚꽃 엔딩

장범준 작사 · 작곡

오늘은 우리 – 같이 – 걸어요 이거 – 리를

밤에 들려오는 자장노래 – 어떤 – 가요 오 – 예 몰랐던

– 그대와 – – 단둘 – 이 손잡 – 고 알수

없는 이 떨림과 – 둘이 걸어요 봄바람휘날리

며 흘 – 날리는벚꽃잎이 – 울 – 려퍼질이거리를

1.
둘 – 이 – 걸어요

2.
걸어요 오 – 예

보사노바 스타일

보사노바(bossa nova)는 삼바와 재즈의 요소를 합친 스타일로 1950~1960년대에 브라질에서 발전했습니다. 다양하게 변형된 리듬 형태가 있지만, 기본적으로 왼손이 규칙적인 박을 연주하고 오른손이 당김음(synchopation)을 강조하여 연주하는 것이 특징입니다. 다음의 순서대로 연습해 보세요.

1. 왼손은 정박의 단순한 리듬 패턴을 반복합니다. 왼손의 리듬을 피아노 뚜껑 위에서 쳐 보세요.
2. 오른손은 독립적인 리듬의 두 마디 프레이즈를 반복합니다. 오른손 리듬을 리듬치기해 보세요.
3. 이제 양손 리듬을 피아노 뚜껑 위에서 리듬치기 해 보세요.
4. 오른손으로는 화음(7화음의 근음 생략)을, 왼손으로는 베이스의 근음만을 사용하여 연습해 보세요. 처음에는 메트로놈에 맞추어 천천히 연습한 다음, 점점 템포를 빠르게 합니다.

5. 왼손을 베이스의 근음과 5음으로 바꾸어 연습해 보세요.

6. 베이스의 구성음을 자유롭게 바꾸어 연주할 수도 있습니다.

비 오는 날의 수채화

강인원 작사 · 작곡

마디 1~2

마디 18~19

풍선

이두헌 작사 / 김성호 작곡

Bossa Nova

B♭M7 Dm7

지 나 가 버 린 – 어 린 시 절 엔 –
노 란 풍 선 이 – 하 늘 을 날 면 –

Gm7 Cm7 F

풍 선 을 타 고 – 날 아 가 는 예 쁜 꿈 도 꾸 었 지
내 마 음 에 도 – 아 름 다 운 기 억 들 이 생 각 나

Fine

B♭M7 Dm7

내 어 릴 적 꿈 – 은 – 노 란 풍 선 을 타 – 고 –
그 조 그 만 꿈 – 을 – 잊 어 버 리 고 산 – 건 –

Gm7 Cm A♭M7 1. F7

하 늘 높 이 날 으 는 사 – 람 –
내 가 너 무 커 버 렸 을 – 때

2. F7 E♭M7 Dm Gm7

하 지 만 괴 로 울 땐 아 이 처 럼 뛰 어 놀 고 싶

Gm7 Cm7 E♭M7 F7

– 어 조 그 만 나 의 꿈 들 을 풍 – 선 에 가 득 싣 고 –

D.C. al Fine

163

ii-V-I 진행은 근음이 완전5도 하행하면서 버금딸림음(IV), 딸림음(V), 으뜸음(I)을 모두 사용하고 있어 강한 진행감을 가집니다. 재즈에서 이 진행은 일시적으로 경과하는 조성을 암시하고, 목표 코드(I)로 강하게 이끌어 주는 기능을 합니다. 모든 V7(세컨더리 도미넌트를 포함) 코드는 ii-V7의 형태로 분할될 수 있는데, 이때 사용되는 ii 코드를 '관계된 ii(related ii)'라고 부릅니다. 장조에서는 ii7-V7-I7의 형태로 주로 사용되며, 단조에서는 ii7(♭5)-V7-i7의 형태를 주로 사용합니다. 다양한 보이싱의 ii7-V7-I7 진행을 12조성으로 연습해 보세요.

7화음 코드 보이싱

1. 양손 기본 위치 보이싱: 왼손으로 근음을 연주하고 오른손으로 화음을 연주합니다. 화음을 칠 때 왼손에서 근음을 연주하므로 근음을 빼고 연주할 수도 있습니다.

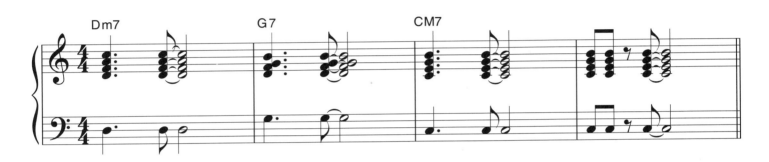

Cm7 — F7 — **BbM7** | Bbm7 — Eb7 — **AbM7** | Abm7 — Db7 — **GbM7** | F#m7 — B7 — **EM7** |

Em7 — A7 — **DM7** | C#m7 — F#7 — **BM7** | Bm7 — E7 — **AM7** | Am7 — D7 — **GM7** |

Gm7 — C7 — **FM7** | Fm7 — Bb7 — **EbM7** | Ebm7 — Ab7 — **DbM7** ||

2. 오른손 자리바꿈 7화음 코드 보이싱

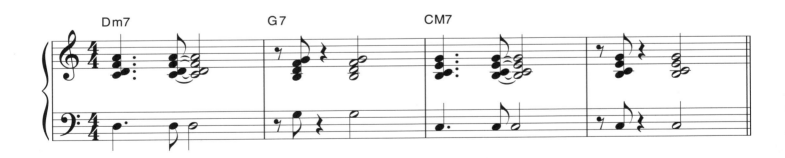

3. 왼손 기본 위치 보이싱: 왼손으로 코드를 연주하고 오른손은 멜로디를 연주할 때 필요한 보이싱입니다. I7은 I6로도 사용될 수 있습니다.

재즈에서 정해진 리듬을 따르지 않고 다른 연주자들과 호흡을 맞추며 변칙적인 반주를 하는 것을 '컴핑(comping)'이라고 합니다. 컴핑은 'accompanying(반주)' 또는 'complement(보완하다)'의 준말로, 음악에 화성적, 리듬적 활력을 불어넣어 주고 솔로이스트들의 연주를 돋보이게 합니다. 컴핑에는 수많은 리듬 변형이 가능하지만, 여기서는 몇 가지 간단한 리듬을 소개합니다.

가이드 톤 보이싱

모든 화음의 3음과 7음은 화음의 성격을 결정하므로 이를 가이드 톤(guide tone)이라고 합니다. 가이드 톤은 피아노 보이싱의 기초가 됩니다.

1. 가이드톤 3, 7음 오른손 보이싱: 왼손으로 1, 5음을 연주하고, 오른손으로는 3, 7음을 연주합니다.

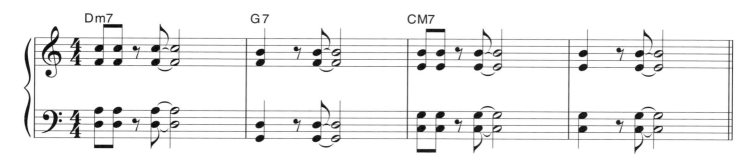

Cm7　-　F7　-　**BbM7**　|　Bbm7　-　Eb7　-　**AbM7**　|　Abm7　-　Db7　-　**GbM7**　|　F#m7　-　B7　-　**EM7**　|
Em7　-　A7　-　**DM7**　|　C#m7　-　F#7　-　**BM7**　|　Bm7　-　E7　-　**AM7**　|　Am7　-　D7　-　**GM7**　|
Gm7　-　C7　-　**FM7**　|　Fm7　-　Bb7　-　**EbM7**　|　Ebm7　-　Ab7　-　**DbM7**　||

2. 가이드톤 7, 3음 오른손 보이싱

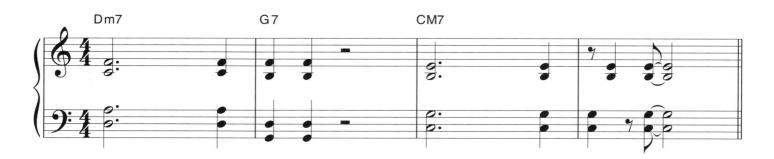

쉘 보이싱

쉘 보이싱(shell voicing)은 근음과 3음, 7음만 연주하는 보이싱을 말합니다. 왼손으로 근음과 7음, 또는 근음과 3음만을 누르기 때문에 재즈 초보자도 쉽게 연주할 수 있습니다.

〈고엽(Autumn Leaves)〉의 음악형식은 AABC이며, 악곡 전체가 ii-V-I 진행으로 이루어져 있습니다. 재즈 컴핑 스타일로 반주해 보세요(단조의 ii°-V-i은 제10장 180쪽 참조).

고엽
Autumn Leaves

즉흥연주

〈고엽〉은 선율, 리듬, 화성을 바꾼 재즈 즉흥연주로 자주 연주됩니다. 재즈 초보자에게는 즉흥연주를 하는 것이 어렵게 느껴
질 수 있으나, 다음의 단계를 따라해 보면 조금 수월해질 수 있습니다.

1. 각 코드를 아르페지오로 펼쳐서 연습하세요. 8분음표는 스윙리듬으로 연주합니다. 오른손만 먼저 연습한 후 잘되면 왼손
으로 셸 보이싱 코드 반주를 붙여 보세요.

2. 구성음의 방향을 바꾸어 연습해 보세요(1-3-5-7, 1-2-3-5, 1-3-2-5, 7-5-3-1 등).

3. 각 코드에 해당하는 음계를 사용할 수도 있습니다. 단7화음에는 도리안(자연단음계+#6), 딸림7화음에는 믹소리디안(장음계
+♭7), 장7화음에는 장음계를 사용합니다(예: Cm7는 C도리안, F7은 F믹소리디안, B♭M7은 B♭장음계, Am7(♭5)는 A도리안+♭5).

4. 각 코드에 해당하는 블루스 음계를 사용할 수 있습니다. 단7화음과 반감7화음은 단조 6음 블루스 음계(1, ♭3, 4, ♭5, 5, ♭7), 딸림7화음과 장7화음은 장조 블루스 음계(1, ♭3, 3, 4, ♭5, 5, ♭7, 7)를 사용합니다(22쪽 참조).

5. 마지막으로 다음과 같이 즉흥연주를 할 수 있습니다. 오른손은 노래의 선율과 리듬을 즉흥적으로 변형하여 연주하고, 왼손으로는 2음 쉘 보이싱으로 반주한 것입니다.

고엽
Autumn Leaves

168

6. 이제는 직접 즉흥연주를 시도해 보세요.

◆ 빈 마디에 자유로운 리듬으로 컴핑을 넣어 워킹 베이스와 함께 연주해 보세요.

All of Me

S. Simons & G. Marks

♪ 워킹 베이스를 직접 만들어 연주해 보세요.

♪ 그룹을 나누어 워킹 베이스, 코드 컴핑, 그리고 멜로디를 앙상블로 연주해 보세요.

♪ 〈고엽〉을 워킹 베이스와 코드 컴핑으로 연주해 보세요.

화음 결정하여 반주하기

장조 다이어토닉 코드 중 단7화음은 ii 7, iii7, vi7입니다(130쪽 참조). 빈칸에 알맞은 단7화음을 채워 넣은 후, 알맞은 리듬 스타일로 반주해 보세요.

넬라 판타지아
Nella Fantasia
-영화 〈미션〉 중에서-

E. Morricone

하얀 연인들
Jours en France

Francis Lai

✦ Dm/B는 다음 장에서 배우는 Bm7(♭5)와 같습니다.

제10장

감7화음을 사용한 반주

8 반감7화음과 감7화음

반감7화음(half-diminished 7th chords)은 감3화음 위에 근음으로부터 단7도의 음이 더해진 화음입니다. '감단7화음'이라고도 부르며, 코드명은 근음의 알파벳 옆에 'm7-5' 'm7(♭5)' 또는 'ø7'을 붙여 표시합니다. 감7화음(diminished 7th chords)은 감3화음 위에 근음으로부터 감7도의 음이 추가된 화음입니다. '감감7화음'이라고도 부르며, 코드명은 근음의 알파벳 옆에 'dim7' 또는 '°7'을 붙여 표시합니다.

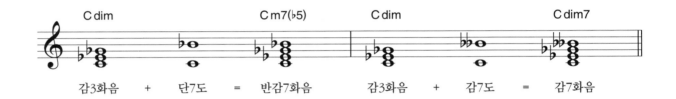

연습

1. 딸림7화음, 단7화음, 반감7화음, 감7화음을 기본 위치로 반음씩 올라가며 연습해 보세요.

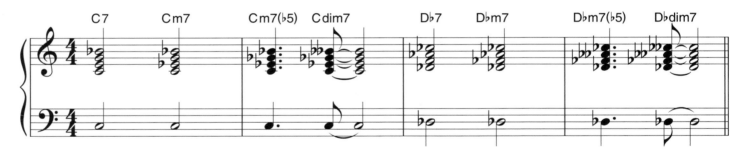

D7, Eb7, E7, F7, Gb7, G7, Ab7, A7, Bb7, B7으로 계속

2. 자리바꿈화음으로 연습해 보세요. 이들을 쉽게 찾는 방법은 감3화음(dim)의 근음에서 온음을 내려 반감7화음, 다시 반음을 더 내려 감7화음을 찾는 것입니다.

반음씩 올라가며 계속

감7화음의 자리바꿈

감7화음은 근음으로부터 단3도씩 쌓은 화음이므로 자리바꿈을 하여도 각 음 사이에 단3화음의 관계가 유지됩니다. Cdim7을 한 번 자리바꿈하면 Eb dim7, 두 번 자리바꿈하면 Gb dim7, 세 번 자리바꿈하면 Adim7이 됩니다. 따라서 12조성의 감7화음은 기본적으로 세 종류밖에 없음을 알 수 있습니다.

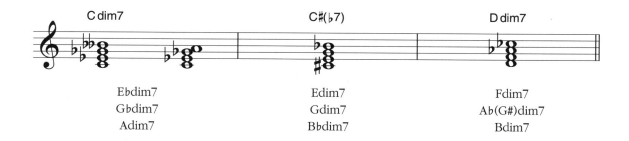

Cdim7	C#(b7)	Ddim7
Eb dim7	Edim7	Fdim7
Gb dim7	Gdim7	Ab(G#)dim7
Adim7	Bb dim7	Bdim7

감7화음의 경과적 화음 기능

감7화음은 불안정한 화음이므로 2도 사이의 두 화음을 연결해 주는 **경과적 화음**(passing chords)으로 많이 사용합니다.

1. 반음계적으로 상행하는 감7화음

    C − (C#dim7) − Dm7 − (D#dim7) − Em

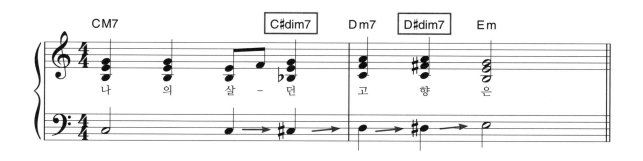

2. 반음계적으로 하행하는 감7화음

    Am7 − (Ab dim7) − G7 − (Gb dim7) − FM7

◆ 이 곡에서는 감7화음이 경과적 화음으로 사용되었습니다.

◆ 페달을 사용하여 연주하세요. 페달은 화음이 바뀔 때마다 바꾸어 줍니다.

반주 패턴: 마디 1~4

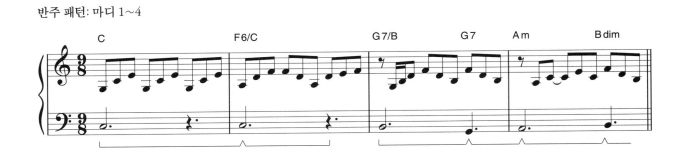

꿈길에서
Beautiful Dreamer

김달성 역사 / S. Foster 작사 · 작곡

이 곡은 포스터가 37세의 젊은 나이로 죽기 며칠 전에 작곡된 곡으로 알려져 있습니다. 그는 방탕한 생활로 인하여 아내와 별거를 하고, 가난과 고독 속에 결핵까지 얻어 괴로운 생활을 하면서 아름다웠던 지난날을 회상하는 듯한 이 노래를 지었습니다.

◆ 이 곡에서 감7화음이 나오는 곳을 확인하고, 어떤 기능으로 사용되었는지 살펴보세요.

반주 패턴: 마디 1~4

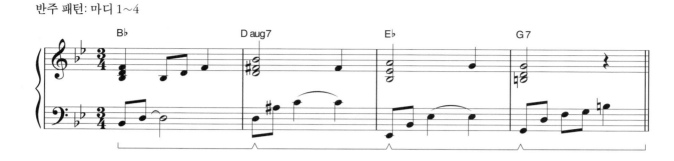

Someday My Prince Will Come
-월트 디즈니 〈백설공주와 일곱난쟁이〉 중에서-

L, Morey 작사 / F. Churchill 작곡

감7화음의 딸림화음적 기능

감7화음(dim7)은 딸림7화음과 그 성격이 매우 비슷합니다. 둘 모두 화음의 진행력을 강화시켜 주고, 다른 화음 앞에서 장식적인 역할을 합니다. 화음의 구성음을 잘 살펴보면 감7화음은 V7(♭9)에서 근음을 뺀 것과 같습니다. 따라서 감7화음은 딸림화음의 대리화음으로 자주 사용되며, 목표로 하는 코드의 반음 아래에서 시작하여 목표화음으로 해결됩니다(Vii°7 → I).

고요한 밤 거룩한 밤

F. Gruber

♪ V7(♭9)이 사용된 자리에 감7화음(Vii°7)을 넣어 연주해 보세요.

◆ 마디4의 C#dim7은 A7(♭9)의 대리화음으로, Dm로의 진행력을 강화시켜 줍니다.

무지개 넘어
Over the Rainbow
－영화 〈오즈의 마법사〉 중에서－

H. Arlen

179

단조의 7화음

일반적인 단조 음악에서는 자연단음계의 7음을 반음 올린 화성단음계를 사용합니다. 화성단음계의 이끔음(#7)은 I, III, V, VII의 7화음에 포함되는데, ImM7이나 III+7이 사용되는 경우는 많지 않고, 주로 V7와 vii°7이 널리 사용됩니다.

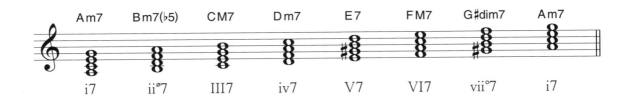

8 **단조의 II-V7-I 화음진행**

단조의 II-V7-I 진행은 주로 ii7(♭5)-V7-i7으로 연주합니다. V7 대신에 V7(♭9)을 사용할 수도 있습니다. 다음의 형태로 12조성에서 연습해 보세요.

1.

〈기본 위치〉   〈자리바꿈 위치〉

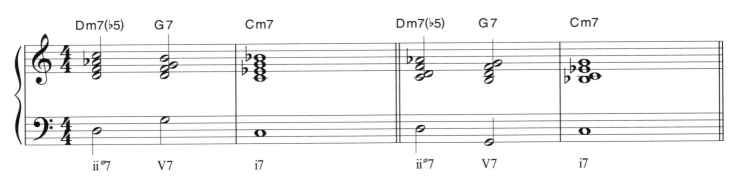

Cm7(♭5) − F7 − B♭m7	B♭m7(♭5) − E♭7 − A♭m7	A♭m7(♭5) − D♭7 − G♭m7	F#m7(♭5) − B7 − Em7
Em7(♭5) − A7 − Dm7	C#m7(♭5) − F#7 − Bm7	Bm7(♭5) − E7 − Am7	Am7(♭5) − D7 − Gm7
Gm7(♭5) − C7 − Fm7	Fm7(♭5) − B♭7 − E♭m7	E♭m7(♭5) − A♭7 − D♭m7	

2.

〈기본 위치〉   〈자리바꿈 위치〉

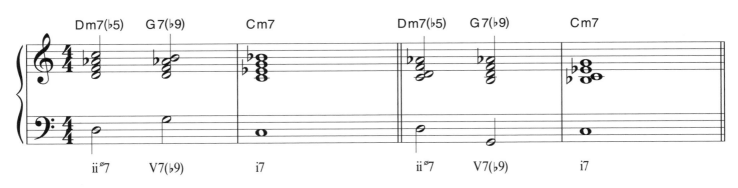

♪ 제7장에 나온 〈내가 좋아하는 것들〉을 모두 7화음으로 바꾸어 연주해 보세요.

◆ 이 곡에는 C장조의 ii7-V7-I7과 A단조의 iiø7-V7-i7이 사용되었습니다. 이들을 찾아 네모를 쳐 보세요. 그 밖에 사용된 관계된 ii7-V7을 찾아서 동그라미를 쳐 보세요. 보사노바 리듬으로 연주해 보세요.

마디 1~4

Fly Me to the Moon

B. Howard

♪ 스윙 리듬으로도 연주해 보세요.

◆ 마디 14~16에는 연속적인 ii7-V7 진행이 사용됩니다. 그 밖에 관계된 ii7-V7이 나오는 곳을 찾아 네모를 쳐 보세요.

Moon River
-영화 〈티파니에서 아침을〉 중에서-

H. Mancini 작사 · 작곡

Moderato Jazz Waltz, flowing

Moon ri - ver, wi - der than a mile I'm cro - ssin' you in style some-

day_____ Oh, dream mak - er, you heart brea - ker Wher-

e - ver you're go - in', I'm go - in' your way Two drif - ters,
ii⌀7 – V7/iii   ii7 – V7/ii   ii7   V7   I

off to see the world There's such a lot of world to see_____

___ We're af - ter the same rain - bow's

end _____ , wai-ting round the bend _____ My huckle - berry friend,

moon ri - ver _____ and me _____

182

화음 결정하여 반주하기

◆ 다음은 〈인생의 회전목마〉의 첫부분이며, AA'형식으로 되어 있습니다. 빈칸에 알맞은 코드를 써 넣은 후, 어울리는 리듬 스타일로 반주를 붙여 보세요.

인생의 회전목마
─애니메이션 〈하울의 움직이는 성〉 중에서─

J. Hisaishi

◆ 제시된 화음기호를 참고하여 다음 곡에 알맞은 화음을 붙여 보세요. 전주를 포함하여 반주를 하며 노래를 불러 보세요.

나 가거든
-뮤지컬 〈명성황후〉 중에서-

강은경 작사 / 이경섭 작곡

🎹 리하모니제이션

리하모니제이션(reharmonization)이란 원곡의 화음진행을 세분화하거나 새로운 화음진행으로 바꾸는 것을 말합니다. 이것은 단순한 악곡을 더 세련되게 만들고 소리에 색채적인 변화를 주기 위해 필요한 기술입니다. 〈고향의 봄〉을 리하모니제이션하면서 지금까지 배운 기법을 정리해 봅시다.

단순대리화음의 적용

다이어토닉 음계 안의 화음은 그 기능에 따라 다음과 같이 세 그룹으로 나눌 수 있습니다. 즉, 안정된 소리를 가진 으뜸화음(tonic), 앞으로 진행하고자 하는 특성을 가진 버금딸림화음(subdominant), 으뜸화음으로 해결하고자 하는 성향이 강한 딸림화음(dominant) 그룹입니다. 같은 그룹의 화음은 비슷한 소리를 가졌기 때문에 서로 바꾸어 쓸 수 있습니다. 이와 같이 단순대리코드를 사용하는 것은 리하모니제이션의 기본이라고 할 수 있습니다. 3화음을 7화음으로 연주하는 것은 소리를 더욱 세련되게 만들어 주지만 화음의 기능은 바뀌지 않습니다.

으뜸화음	버금딸림화음	딸림화음
I7 iii7 vi7	ii7 IV7	V7 vii7(♭5)

기본 진행에 단순대리화음을 적용할 수 있습니다(마디 13~14).

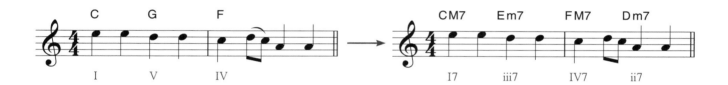

관계된 ii7-V7의 적용

세컨더리 도미넌트를 포함한 모든 딸림7화음은 ii7-V7으로 분할할 수 있습니다.

① 부속7화음에 적용된 ii7-V7(마디 1)

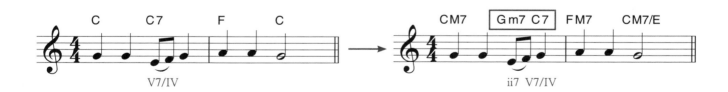

② 악절 끝에 나오는 ii7-V7(마디 7~8)

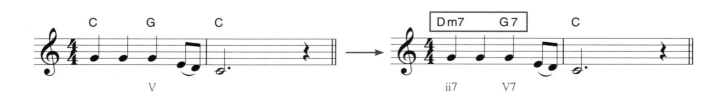

감7화음의 적용

① 감7화음은 두 화음을 반음으로 연결해 주는 경과적 역할을 합니다(마디 3~4).

② 딸림7화음의 대리화음으로서 다른 화음 앞에서 장식적 기능을 합니다(마디 5).

IV-I 종지

악곡의 종지에는 IV-I 진행이 많이 사용됩니다. 여기서는 같은 으뜸음 단조의 iv가 사용되었습니다.

고향의 봄

이원수 작사 / 홍난파 작곡

◆ 여러분이 직접 지금까지 배운 다양한 방법을 사용하여 리하모니제이션을 해 보세요.

Sing

J. Raposo 작사 · 작곡

이 노래는 1971년 어린이 TV 프로그램인 〈세서미 스트리트〉를 위해 작곡되었는데, 1973년에 카펜터스(Carpenters)가 공연을 하면서 큰 인기를 얻었습니다.

거위의 꿈

이적 작사 / 김동률 작곡

Rock Ballade

난　난꿈이있―었죠――　버려지고―찢―겨――　남루하―여

도　내　가슴깊―숙―히―　보물과―같―이

―간직했―던――꿈―　오　때론누군―가―가

―뜻모를비―웃―음―　내등뒤에―흘릴―　때도―

난　참아야―했죠―　참을수있―었죠―　그날을―위

해　늘　걱정하―듯말―　하죠―　헛

된　꿈은독이라―고　세상은　끝이정해―진책

⋯⁑ 리하모니제이션 **Tip!**

1. 선율에서 목표음들(강박이나 긴 음가를 가진 음들)을 찾으세요.

2. 조성을 확인한 후, 목표음을 구성음으로 포함하고 있는 코드를 나열하세요(다이어토닉 코드, 세컨더리 도미넌트, 관계된 ii-V7, 7화음 등).

3. 피아노로 각 화음을 쳐 보면서 진행이 자연스럽고 듣기 좋은 화음을 고르세요. 화음을 결정할 때 5도권 진행을 사용하면 좋습니다.

이탈리아 아리아

오 내 사랑, 오 나의 사랑하는 아버지

한국 가곡

뱃노래, 청산에 살리라, 추심

독일 가곡

그대를 사랑해, 음악에, 아름다운 5월에

이탈리아 아리아

오 내 사랑, 오 나의 사랑하는 아버지

제3부

정반주

제11장 가곡과 아리아 반주

가곡과 아리아 반주

◦◦◦ 가곡 반주

가곡 반주에 가장 중요한 3요소는 **균형**(balance), **음색**(tone color), **앙상블**(ensemble)입니다. 그리고 이들을 잘 수행하기 위해서는 음악의 짜임새(texture)를 알아야 합니다.

음악의 짜임새 파악

연주를 시작하기 전에 악곡이 단성음악(homophony)인지, 다성음악(polyphony)인지, 혹은 이 둘이 혼합된 형태인지, 선율과 화성적 요소가 서로 어떻게 관여하는지 악보를 잘 살펴보세요.

대다수의 악곡은 선율, 베이스, 그리고 화성으로 이루어져 있습니다. 피아노 독주곡에서는 연주자가 모든 파트를 연주하지만, 가곡에서는 성악가가 주선율을 가지고 피아노가 베이스와 화성을 연주하므로 새로운 조정이 필요합니다. 즉, 성악가의 주선율이 가장 크고, 그 다음 피아노의 베이스 라인이 들려야 하며, 내성부의 화음들은 너무 두드러지지 않아야 하는 것입니다. 악곡의 중간에 나오는 피아노 솔로 부분에서는 성악 파트의 템포, 스타일, 아티큘레이션 등을 최대한 모방해야 합니다.

균형

적절한 균형을 맞추기 위해서는 피아노가 지나치게 크거나 필요 이상으로 작지 않아야 합니다. 악보에 표시된 악상기호는 대체적으로 그 부분의 전체 또는 평균 악상을 의미합니다. 따라서 각 파트 간에 균형은 연주자들 스스로가 잘 듣고 판단해야 합니다. 성악가들은 높은 음역에서는 피아노의 지지를 더 필요로 하고 낮은 음역에서는 덜 필요로 합니다.

음색

악곡의 다양한 분위기와 아이디어를 표현하기 위해서는 단순한 악상표현을 넘어 다채로운 음색으로 연주할 수 있어야 합니다. 피아노의 음색은 페달링과 터치 방법에 따라 달라집니다. 건반을 빠른 속도로 내리치면 크고 밝은 소리를 내고, 느린 속도로 연주하면 여리고 울림이 길어집니다. 또한 손끝을 단단하게 세워서 연주하면 건조하고 날카로운 소리가 나고, 손가락을 펴서 살점이 많은 부분으로 연주하면 부드럽고 따뜻한 소리가 납니다. 페달은 작고 명료한 소리를 원할 때에는 적게 사용하고, 크고 풍부한 소리를 원할 때에는 많이 사용합니다.

앙상블

앙상블은 여러 파트가 동시에 연주하는 것을 말합니다. 좋은 앙상블을 이루기 위해서는 모든 연주자가 함께 노력해야 합니다. 일반적으로 음악의 구조에 따라 주요 선율을 가진 파트가 이끌고 다른 파트가 따라갑니다. 적절한 템포를 유지하고 바꾸는 것은 반주자의 책임입니다. 민감한 반주자는 성악 파트에 긴 음이 나올 때 약간 템포를 당겨 성악가의 호흡을 도와주고, 큰 호흡을 필요로 할 때는 기다려 줍니다. 다른 사람과 함께 연주할 때는 귀로 듣는 것만큼 눈으로 '듣는 것'이 필요합니다. 따라서 연주자들이 서로 시선을 마주할 수 있는 위치에서 연주해야 합니다. 반주자는 성악가의 입과 호흡을 지켜보거나 지휘자를 따르도록 합니다.

뱃노래

석호 작사 / 조두남 작곡

조두남(1912~1984)의 〈뱃노래〉는 서양음악 어법으로 작곡되었지만, 오음음계와 민요풍의 리듬을 사용하여 한국적 정취가 가득합니다. 넘실거리는 파도를 묘사하는 반주와 시원하고 힘찬 노래는 흥겨운 분위기를 자아냅니다.

음악에
An die Musik

이규남 역사 / F. V. Schober 작사 / F. Schubert 작곡

〈음악에〉는 음악예술의 신성함을 단순하면서도 영감 있게 표현하고 있는 곡입니다. 피아노에서 시작하는 베이스 선율은 성악 파트가 들어온 후 멈추지 않고 계속해서 주선율과 조화를 이루면서 노래합니다. 규칙적인 박으로 반복되는 화음반주는 헌신의 분위기를 자아내며, 성악가가 자유롭고 유연하게 프레이즈를 이끌어 나갈 수 있도록 도와줍니다.

〈단어 해석〉 hold: 사랑스러운 / Kunst: 예술 / wieviel: 얼마나 (많이)/ grauen: 암울한 / Stunde: 시간 / Leben: 삶 / wilder: 거친 / Kreis: 활동 (범위) / umstricken: 휘감다 / Herz: 마음 / warmer: 따뜻하게 / Liebe: 사랑 / entzünden: 점화하다 / besser: 나은 / Welt: 세계 / entrücken: 빠뜨리다 / Seufzer: 한숨 / Harf entflossen: 하프에서 흘러나왔다 / süß: 달콤한 / Akkord: 화음 / Zeiten: 때, 시간 / erschlossen: 열어 주었다 / danke: 감사하다

그대를 사랑해
Ich liebe dich

K. F. Herrosee 작사 / L. v. Beethoven 작곡

〈단어 해석〉 Sorge: 근심 / teilten: 공유, 나누었다 / ertragen: 견디어 내다 / trösten: 위로하다 / Leben: 삶 / Freude: 기쁨 / schützen: 보호하다 / erhalten: 지키다 / uns beide: 우리 둘

청산에 살리라

김연준 작사 · 작곡

아름다운 5월에

Im wunderschönen Monat Mai

－연가곡집 〈시인의 사랑〉 op. 48 중에서－

김창섭 역사 / H. Heine 작사 / R. Schumann 작곡

Langsam, zart (느리고 섬세하게)

〈시인의 사랑(Dichter Liebe)〉의 첫 곡인 〈아름다운 5월에〉의 반주는 꽃과 바람. 새의 노래를 상징적으로 표현합니다. 시인이 한 소녀와 사랑에 빠졌던 과거를 회상하며 지나간 행복감에 젖어들지만, 이내 그의 사랑은 응답을 받지 못하며 해결되지 않은 V7으로 끝납니다.

〈단어 해석〉 wunderschönen: 아주 아름다운 / Monat Mai: 5월 / alle Knospen: 모든 꽃봉오리 / sprangen: 터졌다 / meinem Herzen: 나의 마음 / aufgegangen: 열렸다 / alle Vogel: 모든 새 / sangen: 노래 불렀다 / hab gestanden: 고백했다 / Sehnen und Verlangen: 그리움과 열망

오 내 사랑

Caro mio ben

G. Giordani 작사 · 작곡

〈오! 내 사랑〉은 18세기 나폴리에서 유행한 벨칸토(Belcanto) 창법을 보여 줍니다. 벨칸토란 '아름다운 노래'라는 뜻으로, 극적인 표현이나 낭만적인 서정보다도 아름다운 소리, 부드러운 가락, 화려한 기교 등을 중시합니다.

〈단어 해석〉 caro: 친애하는 / credi mi almen: 적어도 믿어 달라 / sènza di te: 당신 없이 / languisce(languire): 슬퍼하다 / sospirare: 한숨 쉬다 /

cessa, crudel: 멈추라, 잔인한 이여 / tanto: 많은 / rigóre: 가혹함

오 나의 사랑하는 아버지

O mio Babbino Caro

-오페라 〈Gianni Schicchi〉 중에서-

이주경 역사 / G. Forzano 작사 / G. Puccini 작곡

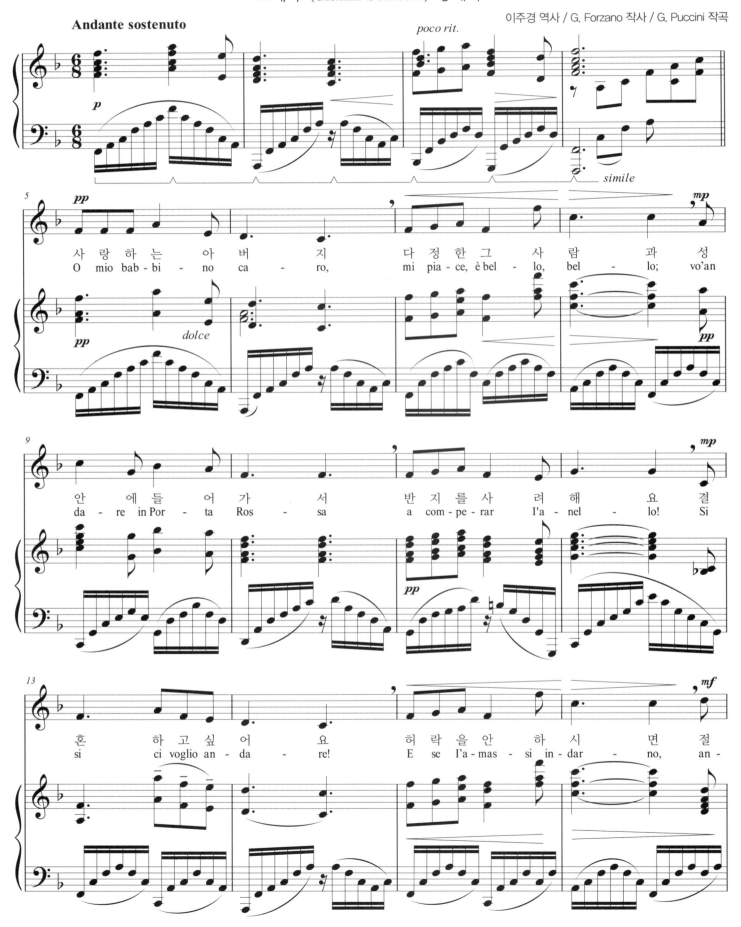

<단어 해석> babbino 아빠 / caro 친애하는 / bèllo 아름다운 / anello 반지 / indarno 무용하게, 헛되이 / torménto 고통 / morire 죽다, 죽을 지경이다 / pietà 동정, 불쌍히 여김

추심

정태준 작사 · 작곡

가 을 이 오는소 - 리 어디에 서 오 는걸까 귀 기 울 여들 어보니 내맘에 서 오 는소

시인이자 작곡가인 정태준(1944~)은 시인 정호승의 큰아들로 충주에서 태어났습니다. 이 곡은 남북협상 때 백범 선생을 따라나섰다가 입북한 아버지의 연좌제에 묶여 우울한 시간을 보내던 그가 33살 때 일반교사로 충주와 제천을 통근하면서 차창 밖으로 보이는 가을 풍경과 정서로 마음을 달래던 시와 작곡의 소산입니다.

리 아 - 아 아 - 아 잎은 떨 어 지 는

데 귀 뚜 라 미 우 는 밤 을 어 이 새 워 보 낼 -

까 지 는 잎 에 사 연 적 - 어 시 냇

물 에 띄 어 볼 까 행 - 여 나 내 임 - 이 받 -

아 — 보 실 — 까   아 — 아   아 — 아   기 러

기 는 나 는 데   깊 어 가 는 가 을 밤

을   어 이 새 워 보 낼 — 까   아 —

아   아 — 아   어 이 새 워 보 낼 — 까

부록

०∘∘ 피아노 반주법 임용시험

중등교원임용시험은 「교육공무원법」(개정 2016. 1. 27.) 및 「교육공무원임용령」(개정 2016. 1. 6.)에 의거하여 교사로서의 전문적인 능력을 측정하는 국가시험입니다. 피아노 반주법은 음악과의 기본교과 중 하나로, 1차 전공 필기시험, 2차 실기시험에 포함됩니다.

1차 전공 필기시험

전공 필기시험에서 다루어지는 피아노 반주법의 평가 내용은 다음과 같습니다.

① 반주 형태: 반주 형태, 페달 사용법, 리듬형태에 따른 반주법

② 건반화성: 화성 진행

2차 실기시험

실기시험은 지역에 따라 피아노 반주만 하는 곳과 가창을 하면서 피아노 반주를 하도록 하는 곳이 있습니다. 시험의 형태는 지역에 따라 정반주(반주가 있는 악보대로 연주) 또는 응용반주(선율 악보에 반주를 창작)를 합니다. 응용반주는 코드가 있는 악보가 제시되기도 하고, 코드가 없이 선율만 제시되기도 합니다. 이조하기를 요구하는 지역도 있습니다. 다음은 지역별 평가 방법을 나타낸 표입니다. 자세한 내용은 각 시·도 교육청 홈페이지의 공고문을 참조하세요.

경기	강원	충북	충남	전북	전남	경북	경남
피아노	가창 피아노(장구)	가창 피아노	피아노	가창 피아노	피아노	가창 피아노	가창 피아노

제주	서울	부산	대구	인천	광주	대전	울산
가창 피아노	가창 피아노	피아노	가창 피아노	가창 피아노(이조)	가창 피아노	피아노	가창 피아노

〈2018 서울지역 공고 예시〉(서울특별시 교육청)

평가영역	과제명	배점	평가요소	선정 방법	소요시간
양악가창	중·고등학교 교과서에 실린 양악곡(추첨곡)을 피아노 반주하며 노래하기	5	전주를 포함한 피아노 반주 능력	제시된 3곡 중 추첨한 1곡	3분
		5	발성을 포함한 가창 능력		

반주를 시작할 때 유의사항

1. 곡의 박자와 빠르기를 확인하세요.

   중간에 느려지거나 빨라지지 않고 일정한 속도를 유지하며 연주해야 합니다.

2. 조표와 조성을 확인하세요.

   응용반주의 경우, 선율을 보고 화음과 화음진행을 분석 또는 결정합니다.

3. 가사의 내용과 선율의 성격을 살펴보고 곡의 분위기를 파악하세요.

   응용반주의 경우, 곡의 분위기와 리듬에 맞는 반주 유형을 선택합니다.

4. 곡의 형식과 구조(반복되거나 대비되는 부분, 클라이막스 등)를 살펴보세요.

   응용반주의 경우, 반주 유형의 통일과 변화를 생각해 봅니다.

5. 화성과 리듬, 음역, 악상의 변화 등을 고려해 페달을 사용하세요.

   정반주는 악보에 나타난 표현 지시를 잘 지켜 연주합니다.

∘∘∘ 실기시험 기출문제 예시

◆ 2022년 서울시 기출곡: 〈후회하지 않아요〉 〈넬라 판타지아〉 〈노래의 날개 위에〉 (코드와 반주가 없는 악보)

① 진행위원의 안내에 따라 시험곡을 추첨하여(추첨곡 변경 불가) 1분간 묵독한 후 시험실로 입실합니다.

② 추첨곡에 알맞은 전주를 피아노로 연주한 후 바로 이어서 반주하며 노래합니다.

후회하지 않아요
Non, Je Ne Regrette Rien

M. Vaucaire 작사 / C. Dumont 작곡

노래의 날개 위에
On Wings of Song

H. Heine 작사 / F. Mendelssohn 작곡

노 래 의 날 - 개 위 에 그 대 를 보 내 오 리
름 답 고 - 행 복 한 꿈 속 의 나 - 라 로

행 복 에 가 득 찬 그 곳 아 름 다 운 나 라 - 로 향
그 대 여 함 - 께 가 자 향 기 로 운 낙 원 으 로 사

기 로 운 꽃 - 동 산 에 달 빛 도 밝 - 은 데 - 한
랑 스 런 꽃 - 동 산 이 우 리 를 부 - 른 다 - 산

송 이 연 - 꽃 으 로 그 대 를 반 - 기 리 - 한
들 부 는 - 바 람 도 우 리 를 부 - 른 다 - 산

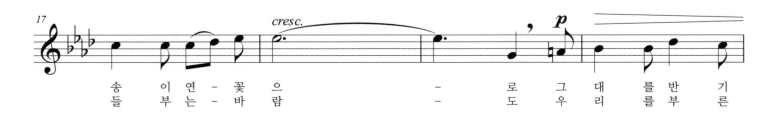

송 이 연 - 꽃 으 - 로 그 대 를 반 기
들 부 는 - 바 람 - 도 우 리 를 부 른

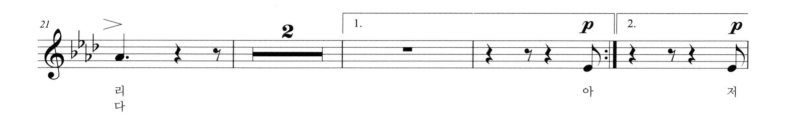

리
다

아 저

cresc.

종 려 그 - 늘 아 래 사 랑 에 취 - 하 여 고

mp

cresc.

mf

요 히 님 - 과 함 - - 께 꿈 속 에 잠 - 기 리

dim.

- 꿈 속 에 잠 - 기 리 라

p dim.

단 꿈 - 속 에 -

강 건너 봄이 오듯

송길자 작사 / 임긍수 작곡

화음 결정하여 반주하기에 들어갈 코드 예시

악곡의 화음은 연주자의 취향에 따라 다르게 선택될 수 있으므로, 다음에 제시된 코드는 조금씩 바뀔 수 있습니다. 각 칸은 한 마디를 나타냅니다. 네모 칸에 들어가야 할 코드는 갈색으로 표기하였습니다.

제1장

연가: 마디 1~18

				C	C	D			G	G
G										
C		G		D		G :‖		D	G	

보리수: 마디 1~8

F		C	F	F		C	F

일어서 앉아: 마디 1~8

F		B♭	F C F	F		B♭	F C F

제2장

홍하의 골짜기: 마디 1~8

D A7	D		A7	D D7	G	A A7	D

New River Train

F		C7	F	B♭	C7	F

보리밭: 마디 1~24

C	G	F(G7)	G7(F)	G7	C	F	C	D	G7	C G7	C
C	F	G7	C	F	C	C	G7	G7	C	F D7	G
										F	C

제3장

동백 아가씨: 마디 1~28

Am			E7	Am	Dm	Am	E7	Am	Dm	Am	
E7	Am	E7		Dm Am	E7 Dm	E7 Dm	Am	Am			E7
Am	E7	Am									

사랑의 로망스: 마디 1~32

Em				Am	B7	Em	B7	Em	
E		B7	B7	E		A	B7(E) B7	E	

제4장

울면 안 돼: 마디 1~8

C Em	F Dm	C Em	F Dm G7	C Am	Dm G7	C Am	Dm G7
						C F	C

나 같은 죄인 살리신: 마디 1~8

G	Em Bm	C Am	Bm	G	Em Am	Dsus4	D
G	G7	C Am	Bm	Em	Am D	Gsus4	G

상록수: 마디 1~8

C	Am	Dm	G	C	Am	D	G
C Em	Am	F	G	Dm G	C Am	Dm G	C

기러기: 마디 1~8

C	F	C Am	Dm G7	C Em	F	C G7	C
F	C Em	F C(Am)	Gsus4(Dm) G	C Em	F	C G7	C

언제나 몇 번이라도: 마디 1~9

F C/E	Dm Am	B♭ F/A	Gm C7	F C/E	Dm Am	B♭ F/A	Gm C	F
F C7	Dm Am	Dm B♭	Gm C7	F C7	Dm Am	B♭ F/A	Gm C F	

제5장

사랑의 찬가: 마디 9~17

G B	Em	Am C/G	D7sus D7	G G+/B	C Cm	G G/E	Am D	G

샹젤리제: 마디 9~16

G B7/F#	Em Bdim/D	C G/B	A7 D7	G7 B7/F#	Em Bdim/D	C G/B	A D G

제6장

서른 즈음에: 마디 4

C/D

제7장

꽃날: 마디 9, 15, 19

CM7	GM7	CM7

그대와 함께 떠나리: 마디 7~17

GM7	D7	Em	CM7	GM7	Am/C D7	GM7	D7	Em	C	G

당신을 사랑해요: 마디 15, 19, 21, 30

CM7	CM7	CM7	FM7

제8장

할아버지의 시계: 마디 3, 7, 8, 10, 12

C7	C7	G7	C7	C7

학교 종: 마디 3, 4, 6, 7

D7	G7	A7	G7

Sunrise, Sunset: 마디 8, 18, 26, 28

G7	D7	G7	F7

제9장

넬라 판타지아: 마디 1, 4, 6, 10, 13

B♭ · CM7	Cm7 · F7	Gm · Gm7/F	Dm7 · E♭M7	Gm · Gm7/F

하얀 연인들: 마디 1, 11, 13, 15, 23

Dm7	Dm7	Em7	Dm7	Dm7

제10장

인생의 회전목마: 마디 9~16

Dm2 · E7	Am	FM7 · Bdim/F · Em · Am	F#m7(♭5) · B7	Em7 · Em7/D	C2 · B7	E

나 가거든: 마디 1~31

Em	F#7	B7	Em F#m7(♭5) B7	CM7 G/B	Am7	F#7	Bsus4 B7
Em	F#	B7	Em	E7/G#	Am	F#/A# B7	Em
D	G	Am F#/A#	B7		Em Am	B7 Em /D	C F#/A#
B7	E7/D Am/C	B7 Em /D	C#m7(♭5) CM7	B7		Em	

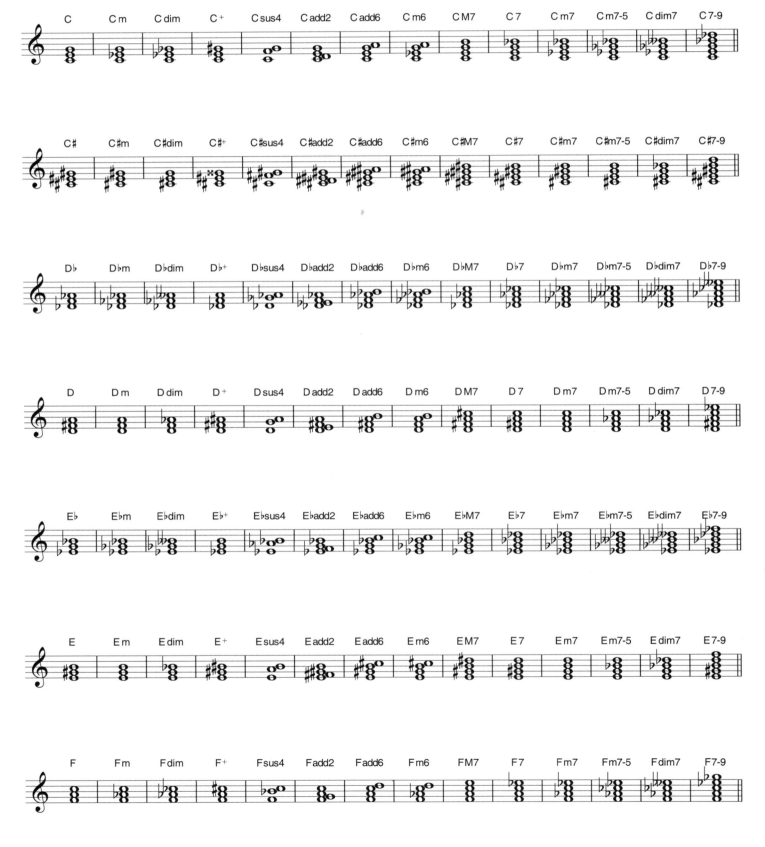

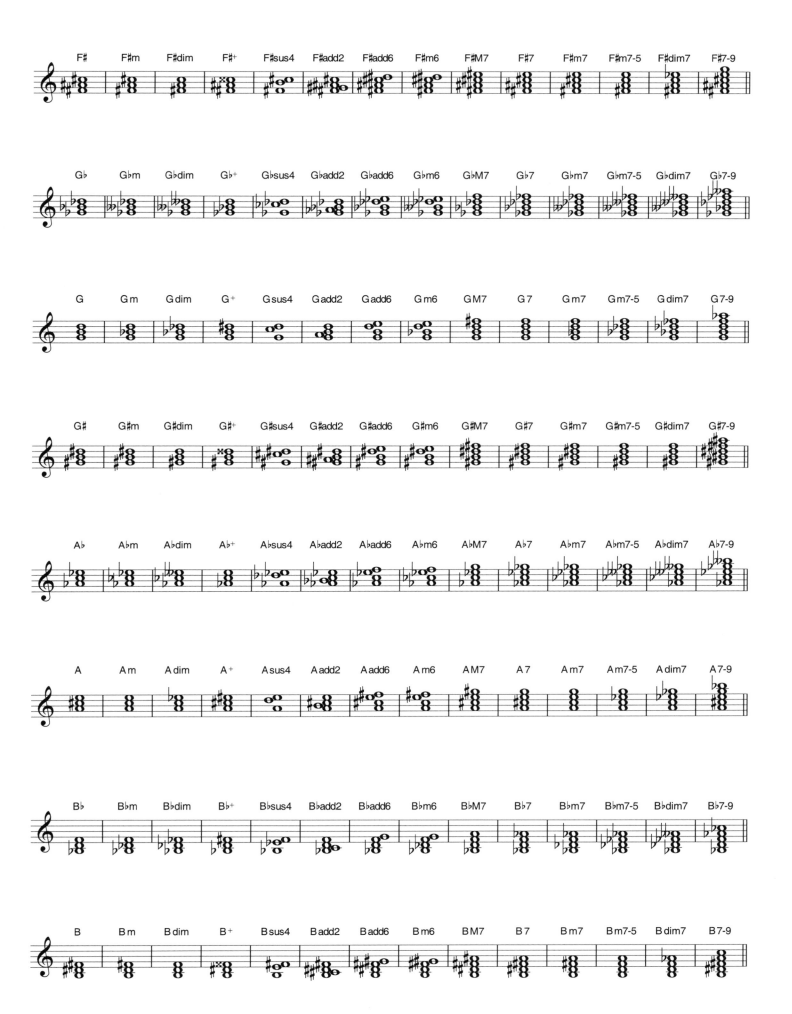

대표 저자

유은석(Yu Lydia Eunsuk)

미국 남가주 대학교(University of Southern California) 피아노 연주 학사

미국 줄리어드 음대(The Juilliard School) 피아노 연주 석사

미국 남가주 대학교 음악박사(피아노 연주 전공, 음악교육 및 피아노 반주법 부전공)

전 수원대학교 겸임교수

    이화여자대학교 공연예술대학원 겸임교수

현 명지대학교 겸임조교수, 가천대학교 강사

    뮤직아트라움 대표

대표 저서 및 역서

교사 및 지도자를 위한 피아노 기초(공저, 이화여자대학교출판부, 1999)

어린이 클래스 피아노 쥬블리(뮤직뱅크, 2001)

피아노 베이직 1~4(음악세계, 2005)

21세기 교사를 위한 피아노 교수전략(학지사, 2008)

꿈꾸는 나무: 중급 피아노 레퍼토리 모음집 1~3(편저, 예솔, 2013~2014)

더 피아노 21C: 성인 및 교사를 위한 개인 · 그룹용 교본-기초(공저, 세광음악출판사, 2016)

안톤 루빈스타인의 피아노 페달링(역, 예솔, 2018)

공동연구진

여하람(Yeo Ha-ram) 한세대학교 피아노페다고지대학원 석사, 뮤직아트라움 연구원

이혜선(Lee Hye-sun) 한세대학교 피아노페다고지대학원 석사, 뮤직아트라움 연구원

한 권으로 마스터하는
피아노 반주법
-임용고시 준비생 및 일반 성인을 위하여-

Mastering Piano Accompaniment:
The Essential Guide for Music Teachers and Adults

2019년 5월 30일 1판 1쇄 발행
2022년 5월 30일 1판 3쇄 발행

지은이 • 유은석
펴낸이 • 김진환
펴낸곳 • ㈜ 학지사
         04031 서울특별시 마포구 양화로 15길 20 마인드월드빌딩
대표전화 • 02-330-5114   팩스 • 02-324-2345
등록번호 • 제313-2006-000265호

홈페이지 • http://www.hakjisa.co.kr
페이스북 • https://www.facebook.com/hakjisa

ISBN 978-89-997-1684-3 93370

정가 20,000원

출판미디어기업 학지사
간호보건의학출판 **학지사메디컬** www.hakjisamd.co.kr
심리검사연구소 **인싸이트** www.inpsyt.co.kr
학술논문서비스 **뉴논문** www.newnonmun.com
교육연수원 **카운피아** www.counpia.com